V133 にこにこ する

 V134 踏む

 V135 通る

 V136 困る

 V137 体操する

 V138 ためる

 V139 植える

 V140 掘る

 V141 建てる

 V142 温める

 V143 片付ける

 V144 冷やす

 V145 飾る

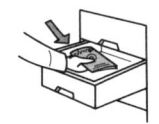 V146 しまう

 V147 隠す

 V148 消す

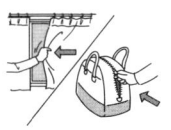 V149 閉める

 V150 かける ［かぎを〜］

 V151 そのまま にする

 V152 出す

 V153 張る

 V154 掛ける

 V155 はやる

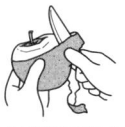 V156 むく

 V157 禁止する

 V158 当たる

 V159 飛ぶ

 V160 間に合う

 V161 あきらめ る

 V162 長生きす る

 V163 晴れる

 V164 やむ

 V165 間違える

 JN194149

V168 勝つ

 V169 辞める

 V170 測る

 V171 滑る

 V172 売る

 V173 騒ぐ

 V174 呼ぶ

 V175 しかる

 V176 褒める

 V177 発明する

 V178 起こす

 V179 こぼす

 V180 取る

新装版

日本語初級 ②

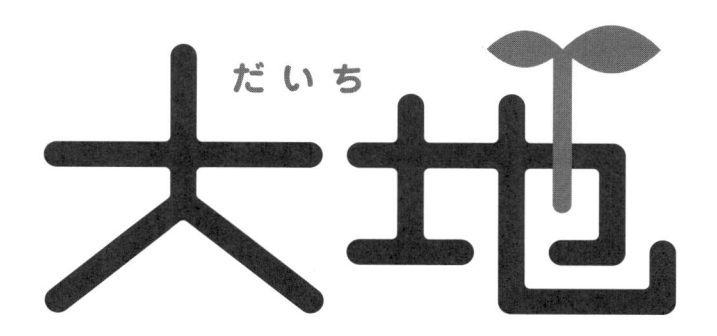

大地
だいち

教師用ガイド
「教え方」と「文型説明」

山﨑佳子・佐々木 薫・高橋美和子・町田恵子

スリーエーネットワーク

Published by 3A Corporation.

Trusty Kojimachi Bldg., 2F, 4, Kojimachi 3-Chome, Chiyoda-ku, Tokyo 102-0083, Japan

ISBN978-4-88319-959-4 C0081

First published 2011
Printed in Japan

はじめに

　本書は「日本語初級２大地」を使って日本語を教える教師のためのガイドブックです。『日本語初級２大地メインテキスト』は、文型の導入・練習からまとめの活動までをコンパクトにまとめました。また、初級の学習者に日本語で日本語を教える際には文字よりもイラストを使った練習が有効であるとの観点から、練習に最適なイラストを豊富に掲載しました。

　教師の役割はイラストの場面・状況と、必要な文法・語彙を示し、学習者の発話を確認すると共に、イラストから学習者が得た自由な発想を大切にすることにあります。練習する際に、学んだ日本語を使って自分自身のことを話すよう、学習者にぜひ働きかけてください。学習者自身が自分の言葉で話し始めたとき、表現する喜びや達成感を感じることができるでしょう。

　本書に示す授業の進め方はクラス授業を行う際のひとつの例に過ぎません。クラスの形態・授業時間数、学習者数・学習者のニーズ・適性・学習歴・到達目標、教師の個性などによって、さまざまな使い方が考えられるでしょう。本書の授業の進め方を参考にして、有意義で楽しい個性豊かな授業を創造していっていただきたいと思います。さまざまな創意工夫を期待します。そして、それを同僚の先生方で共有し、お互いに楽しみながら向上し合えたら、望外の喜びです。

2011年11月　著者

目次

「日本語初級２大地 教師用データファイル」（別売）について

1．内容
1）イラストカード（PDF、A4）156点
❶動詞 V　❷形容詞 A　❸文型 S

プリントアウトして、新しい語彙の導入や活用の練習にお使いください。文型の練習に使える33課**2-1**「〜でしょう」、37課**1-3**「〜そう」、39課**1-2**「〜よう」、40課**2-1・2**使役などのイラストも入っています。

例：預ける

例：火が消えそう

2）ワークシート（Microsoft Excel、A4）12点

各課の練習や +α 、発展練習で使えるインタビューシート、ロールプレイカード、タスクシートなどが入っています。プリントアウトしてお使いください。そのままでも使えますが、学習者のレベルやニーズに合わせて、興味が持てる内容に変えることもできます。

3）語彙リスト（Microsoft Excel）

『文型説明と翻訳（各国語版）』の語彙のページと同じ語彙のリスト（日本語のみ）と、品詞別（名詞、動詞、形容詞）のリストがあります。授業準備の際、検索機能を使うと既習語のチェックなどに使えて便利です。並べ替えや色の変更など、加工してオリジナルの資料を作ることもできます。

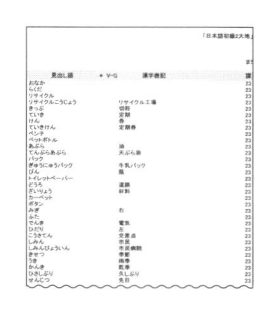

4）音声（MP3ファイル）

39課「〜ようです」の導入のための効果音です。コンピュータの音楽再生ソフトで聞くことができます。

「日本語初級２大地 教師用データファイル」は当社Webサイト（https://www.3anet.co.jp/np/books/3271/）で販売しています。QRコードまたは上記URLからWebサイトへ移動し、サイト下方のコンテンツ欄をご参照ください。

1章

メインテキストの進め方

1. 各課の構成と進め方

1）会話

　　その課の学習項目を使った会話です。練習問題終了後のまとめとして、自分の状況に合わせてまとまった会話ができるようにします。まず『メインテキスト』を見せずに音声を流し、内容について質問して大意がつかめているかどうか確認してください。その後、クラスを２つに分けたり、ペアにしたりして会話練習をします。一人で会話全部を暗誦するような練習は必要ありません。学習者の負担を軽減するために、まずキーワードを板書して、少しずつ消しながら練習したり、役割を決めて演技しながら発表するなど、無理なく楽しみながら行える工夫をしてください。会話の内容によっては、学習者が自由に内容を一部変えて会話を楽しめるよう導くといいと思います。イラストを見ながら内容を想像して会話を作る活動も面白いです。

　　『メインテキスト』の会話の人名は姓で統一していますので、リン・タイはリン、マリー・スミスはスミスとなっています。

2）文型提示

　　その課の学習項目です。文の構造が分かりやすいように図示しました。この文型ページの各番号に対応して、練習問題があります。ただし、下の「①②③」の数字がついた項目に特化した練習問題はありません。

　　3）の練習問題をしてから、文型を１つずつ確認したり、授業の最後に学習した文型をまとめて確認するなど、学習者が頭の中を整理できるようにしてください。「まとめ」の前に見直すのもいいでしょう。

3）練習問題

　　各問題は左の番号が文型の番号を示しています（例：**1-1**、**1-2**…は文型1の練習問題）。練習問題は基本練習・運用練習の順に配してあります。課の最後に、その課の総合的な練習問題「**使いましょう**」があります。内容によっては時間のかかる活動もありますので、時間配分に注意してください。

　　練習問題の種類と使い方を以下に記します。

(1) 代入練習　　例：23課　**1-1**

　　基本的な練習問題です。代入する語彙はイラストで提示していることが多いので、必ず内容を確認してください。また、（　　）になっているものは、語彙の指定はありません。学習者の自由な発話を促してください。

(2) 活用練習　　例：24課　**1**

　　活用形の練習の前に、その活用形を使った文型と場面を示してください。

　　動詞や形容詞の活用の練習は十分に口慣らしをすることが必要です。「日本語初級１大地　教師用データファイル」（別売）の文字カードを使って練習してもいいでしょう。正しい形が作れているかどうか、口頭で確認するだけでなく、学習者が書いたものでもチェックしてください。

(3) マッチング　　例：23課　**1-3**

　　まず学習者が各自で考えてから、クラス全体で答え合わせを行います。学習者が練習問題を解く間、教師は理解の遅い学習者に対する補助を行ってください。
　　学習者同士ペアで助け合いながら行ってもいいと思います。

(4) （はい）と（いいえ）の練習　　例：26課　使いましょう

　　まず、教師が学習者に質問し、学習者の答えに合わせて、その後の会話の流れを示しながら、ポイントを板書で示すようにします。クラス全体で練習してから、ペア、グループなどの形態で練習をしてください。

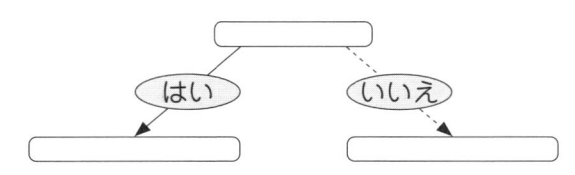

(5) インフォメーションギャップを利用した練習　　例：23課　**2-4**

　　ペアの学習者AとBが2つの異なる情報を持っていて、自分の持っていない情報を相手に尋ねる活動です。AとBがお互いに聞いて答え合う形式と、AかBが一方的に聞いて相手が答える形式があります。Aの情報は本文に、Bの情報は巻末に掲載しましたので、学習者がそれぞれのページを開いているか、よくチェックしてください。そして、相手から得た情報はテキストに書きこむように指示してください。最後に、書き込んだ情報が正しいかどうか、確認してください。

(6) インタビュー　　例：24課　**2-3**

　　1人に複数の質問をする形式、複数の人に同じ質問をする形式、複数の人に異なる質問をする形式があります。まず全員で、正しい文でインタビューの仕方と答え方を練習してください。これをしないと、QAがスムーズに進められなくなり、単語だけのやりとりで活動が終わってしまうことがあります。インタビュー結果はポイントをメモするように指導してください。

　　インタビューには以下の方法があります。

　　　　a）クラス全体で自由に相手をかえて聞き合う

　　　　b）小さいグループを作り、グループ内でお互いに聞き合う

　　　　c）ペアで聞き合う

　　　　d）身近な日本人に聞きに行く

状況に応じて方法を変えると、学習者の積極的な参加を助けます。

　　時間が許せば、メモをまとめてクラスで発表する（発表については（7）参照）と、運用力をつけるよい練習になります。

(7) 発表タスク　　例：23課　使いましょう

　　発表タスクはまとまった話をする基礎的な練習になります。初めに、原稿または発表のためのメモを作ります。それから発表練習の準備の時間をとって、教師が指導した上で実施します。よく準備した上で発表することにより、文法的にも内容的にも完成度の高いものになり、学習者の達成感、自信につながります。

　　発表は、グループやペアなどで行ったり、外部の人を招くなどすると面白いと思います。

(8) 読むタスク　　例：34課　使いましょう

　　初めに各自で黙読します。分からない言葉があっても辞書は引かずにチェックだけしておくよう指示してください。その後、内容について口頭で確認してから音読します。文の内容が理解できているかQAするときは、テキストを見せずに行うようにすると、学習者は達成感とクイズを解くような楽しみが味わえます。文章全体を大きくとらえるよう指導してください。

(9) 書くタスク　　✐　　例：28課　使いましょう②

　　書くタスクには作文例があります。まず作文例を使って読むタスクと同様のことを行ってください。次に作文例を見ながら実際に書かせてください。段階を踏むことで学習者は自然な文の流れを身につけることができます。

　　書く前にペアかグループでテーマについて話し合うと、書く内容が焦点化され、書きやすくなります。

　　書く時間がない場合は宿題にしてもいいですが、教師は必ず学習者の書いたものを確認してください。その場合は添削しやすいように、作文用紙を配布しましょう。

(10) 友達の会話　　👥　　例：24課　2-6

　　主に普通体の会話の練習ですが、相手の年齢や親疎、社会的地位を意識したものもあります。だれとだれの会話なのかよく確認してから、イントネーションに注意して練習してください。

　　助詞「を」「は」「が」は普通体の会話では基本的に省略しました。それ以外の助詞は原則として省略していません。

　　友達の会話を教師と学習者が行うときは、教師と学習者が同じ野球帽をかぶるなどして、友達同士であることを示し、学習者が教師の役割をするときにはレンズなしメガネやネクタイなどでそれを示すと分かりやすく、楽しめると思います。

(11) ロールプレイ（役割演技）　　🅐🅑　　例：25課　使いましょう①

　　ある特定の人になったつもりで会話を進める練習です。ロールカードのA、Bそれぞれの役割を読んで、会話をするよう、指示します。練習に入る前に2人の関係や会話場面について話題にして、イメージを作ってから練習するようにするといいでしょう。

2. 「まとめ」の進め方

まとめ6の1のような活用表は必ず書いて確認してください。まとめ8の2のような
それまでに学習した文型をシチュエーションに合わせて使う練習は、文型提示のペー
ジを復習してからするとよいでしょう。学習項目が実際に使われる状況を再確認する
ことで、現実のコミュニケーション場面での発話を促す効果を期待しています。その
他、読むタスクなどの進め方はP.10を参照してください。

2章

各課の教え方

各課の冒頭にその課の**到達目標**が示してあります。

練習問題ごとに「ポイント」「場面」「新出語」「新出項目」「用意する物」「練習の仕方」「板書」「留意点」「発展練習」の9項目のうち、必要なものを記載しています。

ポイント： 行動の目標や文型のポイントがあります。

場　面： イラストに表された状況を示します。ただし、見てすぐ分かるものは省略しています。

新出語： その練習に出てくる新出語を挙げました。イラストの中にある新出語もあります。＊マークのある語は関連語です。新出語の提出順は原則として『文型説明と翻訳』の「語彙」に準じています。

新出項目： 『メインテキスト』の各課2ページ目にある①②などの項目が載せてあります。

用意する物： **DA**のマークがついているものは、「日本語初級2大地 教師用データファイル」（別売）に収録されているものです。これらのイラストカードのほか、身の回りにあるものなども記載しました。

練習の仕方： 練習の順番を①②などで示してあります。『メインテキスト』の練習に入る前の導入部分も含まれています。

　　　　　 ┃**＋α**┃ は『メインテキスト』の練習問題の延長でできる応用的な練習です。

　　　　　 タスクの仕方については1章にまとめてありますので、随時参照してください。各練習に　P.9（6）参照。　などの形で示してあります。

　　　　　 練習の仕方の最後に該当する文型番号を**文型**の形で載せました。その練習まで進めば、2ページ目で提示してある学習内容を扱い終わっています。文型によっては複数の練習問題に分けている場合もあるので、この文型番号を目安に2ページ目を使用してください。

　　　　　 説明の中では教師をT、学習者全体をS、個々の学習者をS1・S2で表しています。練習に当たって学習者の自己表現のために必要な語彙、例えば趣味や自国の紹介の時などに学習者が使いたい語彙は未習でも適宜紹介してください。

板　書： 板書の目的は、そこで学習する文型を視覚的に確認することと、学習者の自由な発話を助けるヒントとなる既習語彙を示すことです。

> 部屋を掃除する
> ケーキを買う……

部屋を掃除しておきます。
　　　　　　　　Vて

　　　　　 板書は基本的に上記のようにフルセンテンスで書きます。＿＿＿はクラスの状況に合わせて、自由にアレンジした言葉を書く部分であることを表します。また、その下に、使用する活用形や文型を略語で示してあります。学習者から引き出した言葉は⌒⌒にまとめて板書し、学習者の自由な発話を促してください。板書の際は全体のレイアウトを考慮し、クラスの実

情に合わせてお書きください。

　板書は漢字かな混じり表記にしてありますが、表記は学習者の状況により適宜ご判断ください。

　なお、板書例は文型および活用をはじめに提示するとき、会話の流れを示すとき、またSから引き出した語彙を示すときのみ書いてありますが、ほかにも適宜必要と思われるものは板書で示してください。

留意点：　その練習を進める上での注意点です。学習者の興味を喚起し、授業を活性化するためにあるといい実物や写真、イラストなどもここに示しましたので、適宜選んでお使いください。

発展練習：　時間的余裕がある場合に行う別の場面での運用練習です。

23

> **到達目標**：変化する状態が言える
> 　　　　　機械や道具の使い方が言える
> 　　　　　一定の条件で必ず起こる現象が言える
> 　　　　　道案内ができる
> 　　　　　何かをして来ることが言える

1-1.

ポイント： 　状況・状態の変化が言える，「いＡく／なＡに／Ｎに　なります」

新出語： 　おなか，なる，汚い

練習の仕方： 　①『メインテキスト』の例）のイラストを見て、「300円でした。今100円です。安いですね。」と言って、板書しながら、「安くなりました。」と言うことを示す。同様に、な形容詞、名詞もイラストを見て、板書で確認しながら、接続の仕方を示す。②1）〜8）のイラストの状況を確認しながら、練習する。**文型1**

板　書：

$$\left.\begin{array}{ccc} \text{安い} & \to & \text{安く} \\ \text{上手} & \to & \text{上手に} \\ \text{夜} & \to & \text{夜に} \end{array}\right] \text{なりました。}$$

　　　　いＡく／なＡに／Ｎに

留意点： 　・風船を膨らませたり、ひもをはさみで切る動作をして、「大きくなりました。」「短くなりました。」などと言うと実感がわく。

1-2.

ポイント： 　昔から今への変化が言える

新出語： 　らくだ

練習の仕方： 　①『メインテキスト』の2枚のイラストが同じ場所であることを確認する。左右のイラストのどちらが今か聞く。②『メインテキスト』の練習をする。
　　　　$+\alpha$ Ｓの国（町）の変化について自由に話す。

留意点： 　・「空気が汚くなりました。」などとＳが言いたいようなら、適宜語彙を紹介する。
　　　　・「空港ができる、車が増える」などの動詞文についてはここでは触れない。

1-3.

ポイント： 　リサイクルについて言える

新出語：	リサイクル工場，切符，定期券，ベンチ，ペットボトル，天ぷら油，牛乳パック，瓶，トイレットペーパー，道路，材料，カーペット，〜など

練習の仕方： ①身の回りでどんなものがリサイクルされているか、国のリサイクル工場を見学したことがあるかなどと聞く。②『メインテキスト』を見て各自マッチングをする。P.9（3）参照。③答え合わせをしながら、日本のリサイクル事情を紹介する。 ＋α 自国のリサイクル事情を紹介し合う。

留意点： ・リサイクルされた実物やリサイクル工場の写真などを見せるとよい。

・「道路」と「道」の違いを聞かれたら、「道／道路を作る。この道／この道路は事故が多い。」と言うが、「道路に迷う。」とは言わない、「道」は「行き方」の意味もあると説明する。

2-1.

ポイント： 機械の使い方が言える，「V dic.と、S」

場　面： トイレの機能を説明している

新出語： ボタン，ふた，電気，出る，開く，つく，流れる，消える，右

練習の仕方： ①自動ドアがいつ開くか、街灯がいつ点灯するかを聞き、「前に立つと、ドアが開きます。暗くなると、電気がつきます。」と教える。②『メインテキスト』のイラストのようなトイレを使ったことがあるかどうか聞き、そのトイレの機能を板書して確認する。③『メインテキスト』の練習をする。 ＋α 携帯電話を使って、「このボタンを押すと、カメラになります。」などと機能を話し合う。**文型2**

板　書： <u>ドアを開ける</u>と、<u>ふたが開きます</u>。
　　　　　　　　V dic.

留意点： ・押すと水が出たり押すと話すような子供のおもちゃ、開くと音楽が聞こえるカード、歩くと電気がつく廊下などで例を挙げるとよい。

・「つく・つける」「消える・消す」の自他動詞の区別や意味の違いは28課で扱う。

発展練習： 未来の自動化された社会、家、車などをイメージして、話し合う。

2-2.

ポイント： 「〜と」を使って、ある条件のもとである状態になることが言える

新出語： 丈夫[な]

練習の仕方： ①『メインテキスト』を見て、各自（　　）の中の文を考えるように指示し、全員で言い合う。

留意点： ・ここでは動詞の辞書形に接続する「〜と」だけを扱っているが、形容詞が出てきても許容する。

・3）は「写真を撮ると、うれしいです。」などの誤用が出る可能性があるので、（　　）に「〜く／になる・〜ができる」を補うとよい。

2-3.

ポイント： 簡単な道案内が言える

新出語： 左，交差点，曲がる，渡る，まっすぐ

練習の仕方： ①身近な場所への行き方をSに聞いて、どう説明するかをTが補足しながらクラス全体で確認する。②例のイラストを見せて、Sの答えを待ち、板書で確認する。③『メインテキスト』の練習をする。

板　書： <u>まっすぐ行くと</u>、<u>右に郵便局</u>があります。

留意点： ・学校周辺のシンプルな地図を作って練習するとよい。

・「曲がる」の助詞は「を」（あの交差点を曲がる）とし、このテキストでは「で」は扱わない。

2-4. 🗺️❓

ポイント： 道が聞ける／説明できる

場　面： 道を聞いている

新出語： 市民病院，サミット銀行

練習の仕方： ①道に迷ったときの問いかけ「すみません。〜へ行きたいんですが」と、相手の言ったことを確認する言い方「〜ですか」を教える。②『メインテキスト』の地図を見ながら、道案内を板書する。「右へ曲がって、交差点を渡って、少し行くと」のように、最後の動詞だけ「と」がつくことを示す。③ペアで『メインテキスト』の練習をする。P.9（5）参照。

板　書： サミット銀行は<u>あの交差点を渡って</u>、<u>少し行くと</u>、右にあります。
　　　　　　　　　　　　　　　Vて　　　　V dic.

留意点： ・板書の文は「〜は〜にあります」の文型。『メインテキスト』の4行目のBは、「サミット銀行は」の部分が省略されていることに留意する。**2-3**の練習につられて、「まっすぐ行くと、右に銀行があります。」と言うSもいるが、Sのレベル次第で許容してもよい。

発展練習： 学校の入り口から教室・トイレまで、最寄り駅・学校から自分のアパートまで、学校から近くの銀行・郵便局・スーパー・自分の好きな店までの行き方を説明する。説明を聞いたSが地図を書いて確認する。

3.

ポイント： 少しの間、場を外すことが言える，「Vて来ます」

場　面： 待ち合わせ中に、用事をしに行くことを友達に説明している

新出語： 預ける

練習の仕方： ①Tが授業に必要なものをわざと忘れて、「宿題のプリントを忘れました。ちょっと取って来ますから、待っていてください。」などと言い、板書してから教員室へ行き、忘れ物を取って来る。②『メインテキスト』のイラス

トは、電車に乗る前にＡがみんなを待たせて何かをして来る状況であること
を説明し、例)〜 5)の代入肢の部分だけを先に練習する。③『メインテ
キスト』の例)の文を板書に加え、練習をする。 **＋α** 電車や飛行機など
に乗る前にしたいこと（飲み物を買って来る・ごみを捨てて来るなど）を
考えて、「〜て来ますから、ちょっと待っていてください」と自由に言い合
う。**文型3**

板　書：	ちょっと ⎡プリントを取って⎤ 来ますから、ここで待っていてください。 　　　　⎣切符を　　　買って⎦ 　　　　　　　　　Ｖて
留意点：	・「待っていてください」は「待ってください」との違いが分かりにくいの で、実際に状況を作って、Ｓをその場で待たせるようにする。
発展練習：	Ｓ同士ペアで学校、会社、店などの場所を決めて「〜て来てください」と 指示を出し合う。

使いましょう 🗣️

ポイント：	自分の国の季節について話せる
新出語：	季節，雨季，乾季，続く，シンガポール
新出項目：	③シンガポールには季節が2つあります。④いちばんいい季節は11月ごろ です。いろいろな果物がおいしくなるからです。
練習の仕方：	①シンガポールに行ったことがあるか、どんなところか知っているかなど と聞き、行ったことがあるＳがいたら、印象を聞く。②『メインテキスト』 の練習をする。P.10（8）（9）参照。
留意点：	・天候についてさらに知りたければ、『文型説明と翻訳』P.22を参考にす るとよい。

会話

場　面：	アラン・マレが木村春江に引っ越し先の説明をしている
新出語：	久しぶり，先日，聞こえる，―丁目，実は，西町
新出項目：	①新しい部屋は気持ちがいいでしょう。②左に公園があります。僕のアパ ートはその隣です。
留意点：	・Ｓ自身の家への行き方に置き換えて会話をするとよい。

24

> **到達目標**：できることが言える
> 可能／不可能になったことについて話せる

1.

ポイント：	可能形
新出語：	走る，可能形
用意する物：	**ⒹⒶ**イラストカード❶動詞
練習の仕方：	①Sに納豆を食べることができるかどうか聞き、Sの「食べることができます。」という答えを待って、「食べられる」という可能形の言い方があり、日常会話では可能形を使うことも多いと教える。②可能形の表を板書しながら、作り方を教え、グループごとにイラストカードなどで練習をする。P.8(2)参照。**文型1**

板　書：	食べることができる　＝　食べられる
	可能形活用表 (P.117参照)

留意点：	・練習するとき、可能形が作れないもの（「分かる」「できる」など可能の意味を含む動詞、「ある」「増える」「咲く」など物が主語となる自動詞など）を含まないよう注意する。
	・可能形はⅡグループの動詞として活用する。

2-1.

ポイント：	可能形を使ってできることが言える，「N1はN2がV（可能形）」
新出語：	バイオリン，片手，トラック，割る，—か国，—キロ（km），予約する
練習の仕方：	①「Sさんは（バイオリン／ピアノ／ギター）が弾けますか。」と聞いて、できる人を探し、板書する。その際、助詞「を」が「が」に変わることを教える。②『メインテキスト』の練習をする。＋α クラスまたはグループで、「わたしは火が食べられます。犬と話せます。」など自由に夢を話し、いちばんすごい人を決める。**文型2**

板　書：	マリーさんはバイオリンをひくことができます。
	→バイオリンがひけます。
	V（可能形）

留意点：	・助詞「を」は「が」に変わるが、すべての助詞を「が」に変えると誤解するSがいるので、対象を表す「を」だけが「が」になると教える。

・「どこででも寝られる」の「でも」は、Sから質問があれば18課の「いつでもいいです」と同じ表現だと伝える。

2-2.
ポイント：	可能表現を使って自由に予想が言える
新出語：	ハンバーガー，―個
練習の仕方：	①可能形の形に注目して、可能形がⅡグループの動詞になることを教え、ない形、て形などに活用できることを確認する。②クラスメートや教師が「と思います」を使って、あるSができることを想像して言う。そのSにできるかどうかの確認をする。

板　書：　　Bさんはハンバーガーが10個食べられると思います。
　　　　　　　　　　　　V（可能形）普通形

留意点：　　・Sの発話を助けるために、自由に言い合う前に（　　）内に入れる内容（お酒を飲む／〜語を話す／運転するなど）をSから引き出し、板書しておいてもよい。

2-3. 🎤
ポイント：	場所や道具を使って何ができるか聞ける／言える
新出語：	計算，ダウンロードする
練習の仕方：	①携帯電話で何ができるか聞き、いろいろなことが可能だということを確認する。②『メインテキスト』の項目について相手を変えて、質問し合う。P.9（6）参照。 ┼α インタビュー結果を発表する。面白いと思ったことを言い、感想も付け加えるように指示する。「〜さんは〜で〜できると言いました。わたしもしたいと思います／便利ですね。」など。

2-4. 📖
ポイント：	したいことができる場所が聞ける／言える
場　面：	旅行会社で客が相談している
新出語：	猿，イルカ，ダイビング，座禅，いかがですか。，両国，鎌倉，下田，姫路，那覇
練習の仕方：	①イラストを使って日本の地名と位置を確認する。②例）〜5）のイラストを確認しながら、したことがあるか、したいか、どこでできるか知っているかなど、話題を広げて話しながら、質問の仕方や答え方を確認する。③Aは『メインテキスト』のP.10、BはP.181を見て、練習をする。P.9（5）参照。
留意点：	・旅行のパンフレットなどを見せるとSの関心が高まる。Sが情報を求めることがあるので、準備しておくとよい。
発展練習：	したいことを日本に限定せず、世界各国に広げる。

2-5. 👥👥

ポイント： 「しか」を使って制限・範囲が言える

場　面： 遊園地で係員に質問している

新出語： 現金，大人，─センチ（cm），～しか

新出項目： ①現金しか使えません。

練習の仕方： ①Sの国の遊園地などでカードが使えるかどうか聞き、使えない国があったら、「現金しか使えません。」と言うことを示す。②『メインテキスト』の練習をする。

板　書： <u>現金</u>しか<u>使え</u>ません。

留意点： ・遊園地のパンフレットやナイトチケットなどを見せて、興味を喚起するとよい。
　　・「だけ」（20課）と「しか」の違いを聞かれたら、「子供は4人いますが、ケーキは3つです。足りません。3つしかありません。」の例を挙げて「しか」には少ない、不十分だ、不満だという意味があることを伝える。また「日本語が分かりますか。」と聞かれて「少しだけ分かります。」と言ったら「分かります。大丈夫ですから、日本語で話してください。」という意味で、「少ししか分かりません。」と言ったら「分かりません。すみませんが、英語でお願いします。」などと言う気持ちが含まれるという説明にとどめる。
　　・「大人でも」の「でも」は21課**3-2**で扱っている。

2-6. 👥👥

ポイント： 友達に図書館でできることが聞ける／言える

新出語： 調べる，─冊

練習の仕方： ①最寄りの図書館でどんなことができるか聞き、必要な語彙を教える。②ペアで『メインテキスト』の練習をする。P.10(10)参照。 +α それぞれの国の図書館について、「何冊、何日借りられるか」など、お互いに聞き合う。

留意点： ・文末のイントネーションに注意する。
　　・図書館の利用案内を見せて、実際に調べて答えられるようにするとよい。

3.

ポイント： 進歩の結果が言える，「V（可能形）dic.ようになります」

新出語： 息子，娘＊，ママ，パパ＊，投げる

練習の仕方： ①23課の変化を表す「形容詞／名詞＋なります」の復習をする。②イラストを見て、「赤ちゃんですね。歩けませんでした。今、歩けます。」「歩けるようになりました。」と言って、動詞の場合は「～ようになりました」を使うことを教える。③『メインテキスト』の練習をする。 +α 「自転車に乗る、泳ぐ、コンピューターで絵がかける、おいしい料理が作れる、一人で電車やバスに乗る」について、「何歳のとき、できるようになりましたか。」

と質問し合って、いちばん早くできるようになった人を探す。**文型3**

板　書：
$$\begin{bmatrix} 安く \\ 上手に \\ 夜に \end{bmatrix}$$ なりました。

　　　　　あるけるようになりました。
　　　　　V（可能形）dic.

留意点：　　・子供の成長振りを示す写真などを見せるとよい。
　　　　　　・ここでは「日本へ来てから料理を作るようになりました」など、習慣の
　　　　　　変化を表す「V dic.ようになりました」は教えないが、余裕のあるSには
　　　　　　教えてもよい。

4-1.

ポイント：　　できなくなったことが言える，「V（可能形）なくなります」
場　面：　　　ラガーマンが骨折して何ができなくなったかを話している
新出語：　　　字
練習の仕方：　①けがをした経験があるかどうか、そのとき、困ったことなどを聞く。
　　　　　　　②『メインテキスト』の練習をする。｜**＋α**｜この人がほかにどんなことが
　　　　　　　できなくなったと思うか、想像して言う。**文型4**

板　書：　　　試合にでられなくなりました。
　　　　　　　　V（可能形）なく

留意点：　　・「できないようになった」と言わない。
　　　　　　・「けがをして試合に出られなかった」と「出られなくなった」の違いを聞
　　　　　　かれたら、「出られませんでした」は「出られましたか」の答えであり、「出
　　　　　　られなくなりました」は「今まで試合に出られました。けがをしましたか
　　　　　　ら、今試合に出られなくなりました。」と状態の変化であることを伝える。

4-2.

ポイント：　　来日後の生活で可能／不可能になったことについて言える
場　面：　　　来日後できるようになったことと、できなくなったことについて話してい
　　　　　　　る
練習の仕方：　①グループで自由に来日後できるようになったことと、できなくなったこ
　　　　　　　とについて話し合う。②結果をクラスで発表する。｜**＋α**｜インタビューし
　　　　　　　てその内容をまとめて発表する。
発展練習：　　「寮に入って、結婚して、会社／大学に入って」などのテーマで話し合う。

使いましょう 🅰🅱

ポイント：	面接の場面でできることが聞ける／言える
場　面：	アルバイトの面接
新出語：	キャンプ場，インタビューシート，面接，保育園，国籍，年齢，許可証，経験，理由，折り紙，受ける，採用する
練習の仕方：	①アルバイトをしたことがあるか、日本でしているか、どんなアルバイトをしたいか、面接でどんなことを聞かれるかなどについて聞く。②キャンプ場でアルバイトしたいかどうか聞き、したいというS1が応募者、Tがキャンプ場の社長になり、面接の例を示す。③『メインテキスト』のインタビューシートを見て、質問の仕方をクラスで確認する。④ペアで例)〜 2)から1つを選び、A（社長）B（学生）の役割を決める。Aはインタビューシートの⑦のア〜ウの欄に、その仕事をするのに必要な能力を「できること」の中から選んで記入する。ペアで面接を行い、結果をAが発表する。⑤役割を交替して、同様に行う。P.10(11)参照。
留意点：	・インタビューシートは面接を行うA（社長）が記入する。 ・ロールプレイを初めて行う学習者がいる場合、やり方をよく確認する。 ・「国籍は？」「経験は？」ではなく、「お国はどちらですか。」「この仕事をしたことがありますか。」など、面接にふさわしい質問の仕方をロールプレイの前に練習する。

会話

場　面：	リン・タイが動物園で木村春江と話している
新出語：	昼間，ようす，動く，ご存じだ，こんな，そんな*，あんな*，あれ
新出項目：	②昼間は寝ていますが、夜はよく動きます。③中国にもこんな動物園がありますか。
留意点：	・旭山動物園などの写真を見せるとよい。『文型説明と翻訳』P.31参照。

25

> **到達目標：** 丁寧に事情や理由の説明ができる
> 　　　　　　間接疑問文（〜か、〜かどうか）が使える
> 　　　　　　まだしていないことが言える

1-1.

ポイント：　丁寧に理由が言える．「S1（普通形）ので、S2」

場　面：　人気歌手のBについて、人気の理由を説明している

新出語：　人気，詩，ユーモア，かっこいい

練習の仕方：　①Sの国で人気がある人はだれか、どうして人気があるのかを聞いて、その理由を左に板書する。接続の形を示し、な形容詞と名詞には「な」をつけることを教える。②『メインテキスト』の練習をする。 **＋α** 学校、スーパー、レストランなどの人気の理由をグループで話し合う。**文型1**

板　書：

> かっこいいです
> ダンスが上手です
> 王様の子供です
> 面白いブログをやっています

$$
\left[
\begin{array}{l}
\text{かっこいい} \\
\text{ダンスが上手な} \\
\text{王様の子供な} \\
\text{面白いブログをやっている}
\end{array}
\right]
\text{ので、人気があります。}
$$

　　　　　　　　S（普通形）

留意点：　・「から」との違いを聞かれたら、どちらも理由を表すのは同じだが、「ので」のほうが丁寧だと答える。

　　　　　　・板書の際、な形容詞と名詞の接続を「だ→な」と書いたり、「な」の文字色を変えたりして、違いを明示するとよい。

1-2.

ポイント：　「ので」を使って、自由に理由が言える

新出語：　遅れる

練習の仕方：　①各自またはペアかグループで四角の中を考えて、『メインテキスト』に記入し、クラスで発表する。

2-1.

ポイント：	何を調べるか言える，「疑問詞を伴う S（普通形）か、〜」
場　面：	旅行の計画を立てるため、インターネットで調べている
新出語：	一泊
練習の仕方：	①旅行に行きたいか、どこへ行きたいか聞く。行く前にどんなことを調べるか聞き、Sから「行き方、有名なもの」などが出たら、疑問詞を含む形にして板書する。②板書で「〜か、調べます」の文を教える。③『メインテキスト』の練習をする。
板　書：	

> どうやって行きますか、どこがいいですか、
> 何が有名ですか、どんなところですか……

$$\left[\begin{array}{ll} どうやって行く \\ どこが \quad いい \\ 何が \quad 有名だ \\ どんなところだ \end{array}\right] か調べます。$$

　　　　　S（普通形）

留意点：	・名詞とな形容詞の普通形「だ」は省略されることを板書で示しておくとよい。
	・旅行のパンフレットなどを見せるとよい。
	・疑問詞を含まないものを別に板書しておいて、**3-1**の「かどうか」の導入に使ってもよい。

2-2.

ポイント：	考えたり調べたりした内容が言える
場　面：	論文を書いた人がその経験を話している
新出語：	データ，締め切り，考える
練習の仕方：	①国で論文やレポートを書いたことがあるか、いつ、どこで書いたかなどSの経験を聞く。さらに論文やレポートを書く前に考えたことをSから引き出す。②『メインテキスト』の練習をする。動詞は四角の中から適切なものを選ぶ。**文型2**
留意点：	・Sから「『何を<u>書いた</u>か考えました』のように、主文の動詞（「考える」）が過去なのに、従属節の動詞（「書く」）が過去にならないのはどうしてか」と質問をされたら、19課**3-1**の「お医者さんはすぐ治ると言いました。」を例として示す。テンスの違いは26課で勉強するのでそこで詳しく説明すると伝えてもよい。
	・Sが「いつが締め切りか」ではなく、「締め切りはいつか」と言った場合も許容する。

3-1.

ポイント：	はっきり分からないことについて言える，「S（普通形）かどうか、〜」
場　面：	強盗の被害に遭った人が警察官に事情聴取を受けている
新出語：	犯人，手袋，確認する，申し込む
練習の仕方：	①刑事ドラマを見たことがあるか聞く。②『メインテキスト』の右側のイラストを見せて、刑事ドラマの1シーンであることを説明する。警察官は犯人を見た人にどんなことを聞くかをSから引き出し、左に板書する。その際、疑問詞を含むものと含まないものを上下に分けて書き、含まないものは1文にするとき、「〜かどうか」をつけることを教える。③万一本当の事件に遭ったら犯人のようすを説明できるかどうかSに聞き、答えられないと言ったら、右に「分かりません。」と書き、板書した項目をクラスで練習する。④警察官と被害者の役になって『メインテキスト』の練習をする。**文型3**

板　書：

> いつ見ましたか
> どんな顔でしたか
> 眼鏡を掛けていましたか
> 1人でしたか……

$$\begin{bmatrix} いつ見た \\ どんな顔だった \end{bmatrix} か、\qquad 分かりません。$$

$$\begin{bmatrix} 眼鏡を掛けていた \\ 1人だった \end{bmatrix} かどうか、分かりません。$$

S（普通形）

留意点：
・名詞とな形容詞の普通形「だ」は省略されることを板書で示しておくとよい。
・防犯啓発DVDなどを見せてもよい。
・「背が高かったか」など、なぜ過去形で質問するか聞かれたら、見たときどうだったかを話すからと言う。

3-2.

ポイント：	分からないことを聞かれたとき、対応できる
場　面：	留学生がおばあさんにバスについて質問されている
新出語：	出る，みどり町，市民センター
練習の仕方：	①バスや電車に乗るとき、周りの人から行き先やかかる時間などについて質問を受けたことがあるか、答えられなかったときどうしたか、聞く。そのようなとき『メインテキスト』の例）のように言うことを教える。②『メインテキスト』の練習をする。

4-1.

ポイント： まだしていない状況について言える,「Vていません」

場　面： 指導教員に論文の進捗状況を聞かれている

練習の仕方： ①提出期限の来ていない宿題について「もうしましたか。」と聞き、まだの場合の「いいえ、まだしていません。」という答え方を教える。さらに、夏休みの予定を決めたかなど、あることを済ませたかどうかを聞き合う。②論文やレポートを書いたとき、「もうテーマを決めましたか。」などと教師に進み具合を聞かれたかどうか聞き、答えを板書で確認する。③『メインテキスト』の練習をする。**文型4**

板　書： まだ決めていません。
Vて

留意点： ・「まだ決めません」と「まだ決めていません」の違いを聞かれたら、例文で示す。現時点で決めるつもりがないとき、「わたしは来週決めます。今決めたくないですから、まだ決めません。」と言う。意思の有無にかかわらず、今の状態はどうかを言うとき、「まだ分かりません。まだ決めていません。」と言う。

発展練習： Sの状況に合わせて、旅行、パーティー、会社の仕事、家事の場面などの進捗状況を聞き合う。

4-2.

ポイント： まだしていない状況を友達に言える

場　面： 友達に論文の進捗状況を聞かれている

新出語： ～つもり

新出項目： まだ決めてない。

練習の仕方： ①**4-1**の練習で教師には「これから決めます。」と答えたが、本当にすぐ決められるかSに聞き、ためらう気持ちを表すとき、「決めるつもり」と言うことを教え、板書する。②『メインテキスト』の練習をする。その際「決めていない」は友達同士の会話では「決めてない」と「い」が抜けることを示し、「これから決めるつもり」の上に板書する。P.10(10)参照。

板　書： まだ決めて~~い~~ない。
これから決めるつもり。

留意点： ・「決めます」と「決めるつもり」の違いを聞かれたら、「決めます」は100%決める、「決めるつもり」は決める意志はあるが断定はできないと答える。
・ここでは否定の「～てない」のみを扱っているが、「～ている」が「～てる」になることも示しておく。『メインテキスト』P.135⑱**友達の会話**参照。

使いましょう 1 AB

ポイント：	理由を話して丁寧に依頼できる／断れる
新出語：	メンバー，免許，パンクする，頼む，答える，誘う，取る
練習の仕方：	①自転車があるか、自転車がパンクしたらどうするかなどと聞き、「友達に借りる」という答えが出たら、どうやって頼むかを一緒に考える。②ロールカードを見て、AとBになって練習する。P.10（11）参照。
留意点：	・断るときには「〜ので……。」と理由だけを述べて、後は省略することを教える。

使いましょう 2

ポイント：	部屋の条件が言える
場　面：	部屋の条件について話している
新出語：	家賃，日当たり，飼う，ほかに
練習の仕方：	①今どこに住んでいるか、引っ越しをしたいか、引っ越しをする場合、どんな条件を考えるかなどについて聞く。②『メインテキスト』の項目を見ながら、ペアでそれぞれの条件について話し合う。内容確認後、ペアで会話を作って発表する。P.9（8）参照。
留意点：	・不動産屋の広告などを見せるとよい。

会話

場　面：	日本語学校の事務所で、キム・ヘジョンが事務員の田中正男と文化祭について話している
新出語：	文化祭，ミュージカル，秘密，覚える，もうすぐ，必ず
新出項目：	①みんなでミュージカルをやります。
留意点：	・文化祭のポスターやプログラムなどを見せるとよい。

26

> **到達目標：**「とき」を使って話せる
> しなければならないことが言える

1-1.

ポイント： 「いA／なAな／Nの　とき、S」

練習の仕方： ①暑いとき何をするかSに聞き、出てきた答えを板書して、確認する。必要なら「とき」の接続を確認する。②『メインテキスト』の練習をする。文の後半は自由に言い合う。

板　書：

暑いとき、（アイスクリームを食べます。
泳ぎに行きます。……）

$$\begin{bmatrix} 寒い \\ 暇な \\ 高校生の \end{bmatrix} とき、$$

留意点： ・名詞に続く「とき」は6課「高校生のとき」で、形容詞に続く「とき」は9課「暇なとき」で既習である。

・「とき」には「暇なとき」のように仮定される時点を表すこともあるが、「子供のとき」などのように、過去の時点を表す用法もある。

1-2.

ポイント： ある行動をするときに必要なものが言える，「V dic.とき、S」

新出語： 保険証，貸し出しカード，ビザ，特急券，要る，売り場

練習の仕方： ①Sにバスや電車の定期を持っているか、どこで買ったか、そのとき何が必要だったかなどと聞き、定期を買うとき、学生証が要ることを聞き出して板書する。②『メインテキスト』の練習をする。P.9（3）参照。 **＋α** ほかにどんなときに学生証・保険証などが要るか、日本へ来るとき、ビザが要るかなど、グループかペアでいろいろ考えて発表する。

板　書： 定期を買うとき、学生証が要ります。
　　　　　V dic.

留意点： ・実際の保険証、貸出カードなどを見せ合うとよい。

1-3.

ポイント：	電化製品などの使い方が聞ける，「V dic.／Vない　とき、S」
場　面：	カメラ屋で店員と話している
新出語：	新製品，セルフタイマー，フラッシュ，動画，日付，入れる，充電する
練習の仕方：	①Sにカメラを持っているか、どこで買ったか、何ができるかなど聞きながら、新出語を教える。Sにカメラを買うときチェックすることは何か聞く。②『メインテキスト』の練習をする。**文型1**

板　書：

$$\begin{bmatrix} 使う \\ 使わない \end{bmatrix} とき、このボタンを押します。$$

V dic.／Vない

留意点：	・実際にカメラを操作したり、カタログを見せたりするとよい。
発展練習：	お互いの携帯電話を使って、いろいろな機能を使うときの操作法を質問し合う。

2-1.

ポイント：	「とき」を使って適切な時点が言える，「Vdic.／Vた　とき、S」
場　面：	広島旅行について話している
新出語：	ガイドブック，旅館，原爆ドーム
練習の仕方：	①Sに日本で旅行したか、旅行に行くときどんな準備をしたかなどと聞き、板書する。その際、現地に到着するまでの行動であることを強調しながら話を進める。②旅行に行ったとき現地でどんなことをしたかについて聞きながら、板書する。その際も現地でしたということを確認する。③イラストを見て、『メインテキスト』の練習をする。**＋α** 学生のそれぞれの旅行の経験を話題にして、グループで話し合う。**文型2**

板　書：

旅行に行くとき、　「ガイドブックを買いました。
　　　V dic.　　　　ホテルを予約しました。……」

旅行に行ったとき、　「海で泳ぎました。
　　　　V た　　　　船に乗りました。……」

留意点：	・東京から広島へ行くという状況であることを確認する。
	・広島の写真、パンフレットなどを見せるとよい。

2-2.

ポイント：	ある状況になるのはどんなときか聞ける／言える
新出語：	ストレス，休む，感じる
練習の仕方：	①Sにどんなときレストランで食事するか聞き、できるだけたくさんの答

えをSから引き出す。②『メインテキスト』の1)〜 4)の質問項目について同様に行う。③『メインテキスト』のインタビューをする。P.9(6)参照。 ＋α ⅮⒶ ワークシート　①Sのレベル次第で、「教師用データファイル」にあるインタビューシートを使ってインタビューしてもよい。

3-1.

ポイント：	「Vなければなりません」
用意する物：	ⅮⒶ イラストカード❶動詞
練習の仕方：	①Sに宿題をしなくてもいいか、作文を書かなくてもいいかなどと聞き、「いいえ」の答えを待って、「Vなければなりません」と言うことを教え、作り方を板書する。②イラストカードを使って『メインテキスト』の練習をする。P.8(2)参照。**文型3**

板　書：

$$\left[\begin{array}{c}かか\\たべ\\し\\こ\end{array}\right]\ なければなりません$$

V~ない~

留意点：	・Sが社会人、主婦などの場合はそれにふさわしい場面で文型を提示する。
	・Sのレベルによっては、ない形の復習をはじめに行う。

3-2.

ポイント：	日々の義務が言える
場　面：	サミット社の社員が友達に会社での義務についてぼやいている
新出語：	制服, 社長, 話, 報告書, サミット社
練習の仕方：	①Sにアルバイトの経験を聞き、トイレの掃除をするか、制服があるか、朝社長の話があるかなど、質問しながら、新出語を教える。②『メインテキスト』の例)のイラストを見せて、「〜なければなりません」を使った文を板書する。③『メインテキスト』の練習をする。 ＋α アルバイト先などの会社の規則についてグループで話し合う。

板　書：　　毎日トイレの掃除をしなければなりません。

留意点：　　・これは架空の会社の規則であり、日本の会社を代表するものではない。

3-3. 📖❓

ポイント：	用事があることを言って、誘いが断れる
場　面：	誘われたがスケジュールが合わず断っている
新出語：	学会, スケジュール, アンケート調査, 調査結果, 歯医者, 出席する, また今度

練習の仕方：	①TがSを週末のパーティーやハイキングに誘う。週末に別の用事がある Sがいたら、その理由を聞いて、「〜なければならないので……。」と言っ て断ることを教える。②Aは『メインテキスト』P.23のスケジュール表、 BはP.183のスケジュール表を見て、各自スケジュールを確認してから、A の誘いをBが断る練習をする。P.9(5)参照。
留意点：	・Sが会社員や主婦の場合はそれぞれの状況に合わせて提示する。 ・「用事があるから行けません。」とストレートに言わないことを教える。
発展練習：	**DA**ワークシート　①1週間の空白のスケジュール表を用意し、各自予定を 3つ記入する。②そのスケジュールに合わせて、お互いにコンサート、ス ポーツなど自由に誘い合い、スケジュールの合う日、または人を探す。

3-4. 👥

ポイント：	しなければならないことが友達に言える
新出項目：	ご飯、作らなきゃ。
練習の仕方：	①テレビドラマや日本人の会話を聞いていて、「〜なきゃ」という言葉を聞 いたことがあるか聞き、聞いたことがあるSがいたら、その場面と言葉を 再現してもらい、その意味をみんなで考える。Tは「〜なければなりませ ん」の縮約形であることを教える。②『メインテキスト』の練習をする。 P.10(10)参照。
板　書：	ご飯つくらなきゃ。 　　　V ~~ない~~
留意点：	・ここでは、「なくちゃ」は取り上げないが、Sから質問があれば、その形 も使われると伝える。

使いましょう 🎤 👥

ポイント：	国による義務や規則の違いが聞ける／言える
新出語：	チップ，小学生，身分証明書，—パーセント（％）
練習の仕方：	①TがSに、国ではホテルやレストランでチップを渡さなければならない かどうか、いくらぐらいか、どこで渡すかなど聞く。②『メインテキスト』 の練習をする。P.9(5)参照。③インタビュー終了後、結果報告をする。そ の際、自国と比較して、自分の感想やコメントを付け加える。

会話

場　面：	渡辺あきとホセ・カルロスがサッカーについて話している
新出語：	宝物，合宿，プロ，参加する，よかったら
留意点：	・Tが自分の宝物を見せて、いつだれにもらったかなどそれにまつわる話 をしたあと、ペアかグループでSが自分の宝物について話すとよい。

27

2章　各課の教え方

27

> **到達目標：**相手に事情説明を求めることができる
> 　　　　　　自分の事情が話せる
> 　　　　　　事情説明をした上で、依頼やアドバイスを求めることができる
> 　　　　　　2つの動作を同時に行うことが描写できる

1-1.

ポイント：　　けが人、病人、体調不良の人に事情説明を求めることができる，「S（普通形）んです」

場　面：　　具合の悪そうな友達に事情を聞いている

新出語：　　アレルギー，階段，のど，気分，せき，引く［風邪を〜］，転ぶ，やけどする，止まる

練習の仕方：　①Tは足を引きずって歩いて見せる。驚いたようすのSに「どうしたんですか。」の質問と、「階段で転んだんです。」という答え方を教えて、板書する。②『メインテキスト』のイラストを確認して練習をする。その際、「〜んです」の前が普通形であることを確認する。

板　書：　　A：　　どうしたんですか。
　　　　　　　B：階段で転んだんです。
　　　　　　　　　　S（普通形）

発展練習：　『初級1文型説明と翻訳』のP.142を参考に、ペアで病気やけがの状況を確認する。

留意点：　　・Tが三角巾で手をつったり、包帯をしたりして教室に入ると、学習者にインパクトを与えられる。
　　　　　　　・「どうしたんですか。」は普通と違う状況に遭遇して、事情を聞きたいときに使う。
　　　　　　　・「んです」の接続は25課で勉強した「ので」と同じである。な形容詞、名詞の接続に注意する。
　　　　　　　・新出語が多いので、注意する。

1-2.

ポイント：　　個人的な理由が聞ける／言える

新出語：　　会議，出張

練習の仕方：　①欠席、遅刻、早退したSに「どうして昨日休んだんですか。」などと聞き、答え方も示す。②『メインテキスト』のイラストを見せて、例）の状況を確認後、質問と答えを板書する。③『メインテキスト』の練習をする。

| 板　書： | A：どうして会議に遅れたんですか。 |
| | B：　　　　　　電車が止まったんです。 |

留意点：　　　・「どうして遅れましたか」と言ってもいいかという質問があったら、間違いではないが、日本人は普通「どうして遅れたんですか」と言い、「んですか」の言葉で知りたい・教えてほしいという気持ちを表すと言う。

1-3.

ポイント：　　自分の発言に対して補足説明ができる

練習の仕方：　①Sに「自分で料理を作りますか。」と聞いていき、「はい」なら、どんな料理を作るか、料理が好きかなどの質問を続ける。「いいえ」の人がいたら、その事情を補足的に説明するときに、「〜んです」を使うことを教え、板書する。

| 板　書： | A：自分で料理を作りますか。 |
| | B：いいえ、作りません。時間がないんです。 |

留意点：　　　・この練習をしていると、「〜んです」より「から」のほうがいい答えも出てくる。Sのレベル次第で理解できそうなら、客観的な事実と個人的な事情という違いを教えるが、そうでなければ、許容するほうがよい。

　　　　　　　・「夏休み」や「〜曜日」は、『初級1』ではSの混乱を避けるために助詞「に」を伴わないものとして扱ったが、『初級2』ではどちらも提示している。『初級1 文型説明と翻訳』P.52参照。

1-4.

ポイント：　　状況を見て、疑問に思ったことが聞ける

練習の仕方：　①次の休みを話題にして話し合ってから、Tが「わたしは旅行に行きます。」と言って、Sから「どこへ」「だれと」などの質問を待つ。そのとき、「〜んですか」で表すことを確認する。Tは答えるとき「〜んです」ではなく「Nです」の形で、事実を伝える。②イラストの状況を確認して『メインテキスト』の練習をする。+α 疑問詞をSから引き出して板書し、その疑問詞を使ってペアで質問し合う。

| 板　書： | A：どこへ行くんですか。 |
| | B：海です。 |

留意点：　　　・この練習のあと、続けて『メインテキスト』P.29の**友達の会話**を行ってもよい。

　　　　　　　・旅行のパンフレットを持って行くとよい。

1-5.

ポイント： 話を聞いて、さらに詳しく聞きたいことが聞ける

場　面： 友達に、夏休みにしたアルバイトについて聞いている

新出語： 時給，ウエートレス

練習の仕方： ①Sに夏休みや週末などについてどうだったか聞き、アルバイトしたり、旅行に行ったりしたS1がいたら、質問したいことをほかのSから引き出し、疑問詞を板書して、クラスで質問の文を練習する。②『メインテキスト』の会話の流れを確認してペアで練習する。**文型1**

板　書：

> いつ
> いくら
> どこ……

2-1. 🎤

ポイント： 自分の事情を説明して、アドバイスが求められる。提案、アドバイスができる，「S1（普通形）んですが、S2」

新出語： スーツ，（お）見舞い，〜が、〜。

新出項目： ①何を着たらいいですか。②黒いスーツを着たらどうですか。

練習の仕方： ①Sに、「Sさんの国へ行きたいんですが、いつ行ったらいいですか。」などと聞いて、質問の仕方と答え方を教える。②仕事などの面接に行くSがいたら、知りたいことがあるか聞き、板書で質問の仕方を確認し、Tが答える。③『メインテキスト』のインタビューをする。P.9（6）参照。**文型2**

板　書： A：<u>面接があるんですが</u>、<u>何を着たらいいですか</u>。

　　　　 B：　　　　　　　　　　<u>黒いスーツを着たらどうですか</u>。

留意点： ・デートの場所、お見舞いの習慣などについて聞かれることがあるので、調べておくとよい。

2-2.

ポイント： 自分の事情を説明して、丁寧な依頼ができる，「S1（普通形）んですが、S2」

場　面： 先生に同窓会について丁寧に依頼している

新出語： 同窓会，連絡先

新出項目： ③同窓会に出席していただけませんか。

練習の仕方： ①Sの国で同窓会をするか、先生も出席するか、同窓会でどんなことをするかなどと聞いてイメージ作りをする。どんな準備が必要かを引き出し、先生に依頼したいことを板書する。丁寧にお願いするときは「〜ていただけませんか」を使うことを教える。②依頼する前に、「同窓会をするんですが、」と事情説明の前置きをすることを教える。③『メインテキスト』の練

習をする。

板　書：　同窓会をするんですが、〔出席して／教室を借して……〕いただけませんか。

留意点：
・「くださいませんか（15課）」と「いただけませんか」の違いを聞かれたら、「いただけませんか」のほうがより丁寧だと伝える。
・「いただきませんか」と勘違いするSがいるので、発音にも注意する。

3.

ポイント：　同時に2つの動作を行うことが言える，「V1ながらV2」

新出語：　ポップコーン，通う

練習の仕方：　①Sにご飯を食べるときテレビを見るか、宿題をするとき音楽を聞くかなどと質問する。ジェスチャーで2つの動作を同時に示し、文を作るには「ながら」を使うこと、ます形に接続することを教え、板書する。②『メインテキスト』のイラストを確認して練習をする。**＋α**　**DA**イラストカード**❸** 文型S01〜S06　イラストカードを各グループに配る。S1がカードを引いて、そこに書かれているジェスチャーをし、ほかのSが文を言う。**文型3**

板　書：　テレビをみながらご飯を食べます。
　　　　　　　　Vます

留意点：
・Sから前件と後件の動詞のどちらが主な動作を表すかという質問が出たら、後ろの動詞が中心的な動作になると伝えてもよい。
・自由に文作りをすると、「学校へ行きながら音楽を聞く。電車に乗りながら寝る。」などの誤用が出るので注意する。

友達の会話 👥👥

ポイント：　状況を見て、疑問に思ったことが聞ける

場　面：　出かけるようすの友達に質問している

新出語：　うらやましい

新出項目：　①どこへ行くの？②うらやましいなあ。

練習の仕方：　①**1-4**の会話を板書し、友達と話すとき、どう言うか、S同士で考えたあと、Tが正解を示す。②『メインテキスト』の練習をする。**＋α**　各自旅行のプランを立て、ペアで聞き合う。P.10（10）参照。

板　書：　A：どこへ行くんですか。　A：どこへ行くの？↗
　　　　　　B：海です。　　　　　　B：海。

留意点：
・「なあ」は独白的なニュアンスを持つことを表情や声の調子で示す。

使いましょう

ポイント：	読んで内容が理解できる。相談できる／アドバイスができる
場　面：	カウンセラーが悩みを聞いてアドバイスしている
新出語：	活動，カウンセラー，芸術学部，アドバイス，反対する，心配する，続ける，だから，けんじ
新出項目：	④カウンセラーはどうして両親が反対していると思っていますか。
練習の仕方：	①P.10（8）参照。書く場合、「どうして」の質問には「〜んです」ではなく「〜からです」を使うことを教える。各自答えを書き、答え合わせをする。 ＋α ペアやグループで自分の悩みを話して、アドバイスを求める活動をする。
留意点：	・「〜んですから」というＳがいるが、「〜んです」も理由を表すので「〜から」と一緒には使わないことを伝える。 ・「思います」と「思っています」の違いを聞かれたら、P.126を参考に説明するか『文型説明と翻訳』P.50を参照させる。

会話

場　面：	マリー・スミスが学校に電話して、田中正男に欠席の連絡をしている
新出語：	熱，夕方，伝える，なかなか，それはいけませんね。
留意点：	・会話が長いので、キーワードを板書するとよい。 ・各自、欠席理由を自由に考えて、会話を作るとよい。

まとめ5

到達目標：可能形・「んです」の確認

1-1.

ポイント：	可能形の確認

1-2.

ポイント：	「んです」の接続の形の確認

2.

ポイント：	可能形の確認
場　面：	飛行機の中で客がいろいろなことをしている
新出語：	アイスクリーム
留意点：	・飛行機の中で「見える・聞こえる」ものを考えて、「見られる・聞ける」ものとの使い分けを考える。

3.

ポイント：	可能形を使ったなぞなぞ
新出語：	パスポート，性能，ガラス，プラスチック，年を取る，だんだん，はっきり
留意点：	・グループでなぞなぞを作って聞き合ってもよい。

4.

ポイント：	文を読んで、理解する
新出語：	気温，雨具，〜場合，楽しむ，気をつける，変わる，下りる，苦しい，一度（℃），ゆっくり，十分，しかし，また
練習の仕方：	①P.10（8）参照。

28

> **到達目標：** 自動詞で状態を描写する
> 　　　　　　　得た情報を伝えることができる

1-1.

ポイント： 「NがVています」

新出語： 虫，かぎ，閉まる，破れる，倒れる，かかる［かぎが〜］

練習の仕方： ①『メインテキスト』例）のイラストを見て、今日この店に入れるか、などと聞き、「いいえ」の答えを待って、「残念ですね。店が閉まっています。」と言い、板書する。②『メインテキスト』の練習をする。 ┼α 皆で、教室の状況を描写する。**文型1**

板　　書： 店が<u>閉まって</u>います。
　　　　　　　　　　Vて

留意点： ・自動詞に焦点を当てるので、他動詞との対照はしない。
　　　　　　・破れた紙袋やTシャツなど実物を示せば、なおよい。

1-2.

ポイント： 部屋の状態が描写できる

場　　面： 荒らされた部屋に入って驚いている

新出語： カーテン，引き出し，金庫，床，花瓶，書類，ぬれる，乾く＊，落ちる，折れる

練習の仕方： ①イラストを見て、「大変ですね。」と言い、語彙の確認後、ペアで練習する。驚いたようすで話すと臨場感が出る。

留意点： ・新出語彙が多いので練習前の語彙確認を十分に行う。

1-3.

ポイント： 物の状態を説明して依頼が断れる，「N1はN2がVています」

場　　面： 山のキャンプ場でキャンプしている

新出語： 懐中電灯，電池，穴，袋，毛布，切れる，汚れる

練習の仕方： ①Sにキャンプに行ったことがあるか、いつごろ、どこへ行ったか、聞く。さらにキャンプに何を持って行くかを聞きながら、新出語を教える。もし必要なものを忘れたらどうするか聞いて、「借りる」という答えを引き出す。そのとき「〜を貸していただけませんか」と言うことを確認する。②A（物を借りたい人）、B（断る人）のペアを作る。Aは『メインテキスト』のP.35の借りたい物を、BはP.184の物の名前とその状態を表す動詞

を確認し、練習する。P.9（5）参照。

留意点： ・Sに日本のキャンプ事情を聞かれることもあるので、答えられるように調べておくとよい。
・ABの役割を交代して練習する場合、Bの答えを、「ええ、いいですよ。どうぞ。」に変えてもよい。

2-1.

ポイント：	得た情報を（他者に）伝えられる，「S（普通形）そうです」
場　面：	テレビのニュースで見た情報を伝えている
新出語：	ニュース，できる
新出項目：	②台風で橋が壊れました。
練習の仕方：	①Tがその日のニュースを話題にして、「テレビで今朝のニュースを見ました。飛行機が落ちました。」などと言って、聞いた情報を伝えるときは「〜そうです」を使い、「飛行機が落ちたそうです。」となることを教える。②イラストを見せて、Sに吹き出しの中が何を示しているか聞き、答えを待って、板書する。③『メインテキスト』の練習をする。 **＋α** 最近テレビやインターネットで見たニュースをクラスで紹介し合い、いちばん珍しいニュースを決める。**文型2**

板　書： ニュースで見たんですが、<u>今晩雪が降る</u>そうです。
S（普通形）

留意点： ・4）の雪祭りは日本の東北地方や北海道が有名なので、調べておくとよい。
・新聞や雑誌で面白そうなニュースがあれば、切り抜いておくとよい。
・様態の「〜そうです」は37課で扱う。
・堅い文章やニュースなどでは「〜によると」が使われるが、このテキストでは「使いましょう」で提示する。

発展練習： グループに分かれて簡単な新聞を作成する。教室の壁に張って、ほかのグループの新聞について話し合うとよい。

2-2.

ポイント：	人に聞いたことをほかの人に伝えられる
場　面：	自分が生まれたときのようすなど、人に聞いたことを友達に話している
練習の仕方：	①ペアやグループになって生まれたときのようすやエピソードなど、家族や親戚から聞いたことがあれば紹介し合う。②グループで、情報源を明示して人に聞いたことを伝える練習をする。 **＋α** 文の前半を「本で読んだんですが、」「インターネットで調べたんですが、」などに変えて情報を伝え合う。
留意点：	・有名人のエピソードなど、メディアからの情報を紹介してもよい。

2-3.

ポイント：	会話の中で伝聞情報が伝えられる
場　面：	アラン・マレのようすについて2人が話している。
新出語：	ボーナス，最近，にこにこする，さっき，だからなんですね。
用意する物：	**DA**イラストカード**3**文型S07
練習の仕方：	①イラストカードを示して、Sにどんなときににこにこして、どんなときに元気のない顔になるのか聞く。②にこにこ顔のアランについて、四角の中の語彙を使って、にこにこ顔としょんぼり顔の原因を推測する。③『メインテキスト』の練習をする。 +α アランさんの代わりにクラスの友人など身近な人についても話す。
留意点：	・「あ、だからなんですね。」は納得を表す表現であることを示す。 ・「元気がありません」と「元気じゃありません」の違いを聞かれたら、「元気がありません」は「寂しいです・残念です」という意味で、「元気じゃありません」は「体が元気じゃありません。疲れました、病気です」という意味だと伝える。

3-1.

ポイント：	形容詞を副詞的に使って動作が描写できる，「いAく／なAに　V」
場　面：	マッサージをしている。夜、寝ているところを泥棒が歩いている
新出語：	詳しい
練習の仕方：	①Sの肩を親指で押し、「強く押します。」と言いながら強く押し、「弱く押します。」と言いながら弱く押す。S同士でも同様に肩を押し合ってみてから板書する。さらにTが静かに歩いて見せ、「静かに歩きます。」と言って板書する。②『メインテキスト』の練習をする。P.9（3）参照。**文型3**
板　書：	強い → 　強く押します 静か → 　静かに歩きます いAく／なAに

3-2.

ポイント：	形容詞を副詞的に使って 指示ができる
場　面：	年長者がうどんの作り方を教えている
新出語：	混ぜる，踏む，延ばす，畳む，薄い，厚い＊，細い，太い＊，丁寧[な]，これでいいですか。
練習の仕方：	①Sにうどん、そば、餃子、パスタなどを作った経験があるかを聞く。 ②『メインテキスト』のBの文末が動詞「混ぜてください。」ではなく「混ぜて。」で終わっていることに注意し、年長者が年少者に教えているという2人の関係を確認する。③『メインテキスト』のイラストの内容を確認してから練習をする。
留意点：	・うどんやそばの作り方の写真や動画があれば、例）から4）までのプロセスが理解しやすくなる。

・1）は足で踏んでいるが、ビニールで包んであるので、清潔だというこ
とを示すとよい。

・日本ではそばやうどん作りを体験できる場所があるので、Sから要望が
あれば紹介する。

発展練習：　　・可能ならS同士でお互いの国の料理を作る指示をし合う。

・アルバイトの店員と店長の役割でペアを作り、掃除や料理を指導する場
面で練習をする。

4.

ポイント：　　五感で感じたことが言える，「N（味／におい／音／声）がします」

場　面：　　人が嗅覚、聴覚、味覚を働かせている

新出語：　　味，におい，風，音，する，変［な］

用意する物：　コーヒー豆

練習の仕方：　①コーヒー豆を教室に持って行って、Sににおいをかがせて、「いいにおい
がします。」と言うことを教える。②『メインテキスト』例）〜 4）のイラ
ストの内容をクラスで確認後、例）のコーヒーを取り上げ、「コーヒーで
す。いいにおいです。コーヒーのにおいがします。」と言いながら、板書す
る。③『メインテキスト』の練習をする。　+α　自宅、寮周辺や通学路で
どんなにおい、どんな音、だれの声がするかなども話し合う。その際、「パ
ンを焼くにおい」「人が歩く音」など連体修飾を使った表現も練習する。**文
型4**

板　書：　　コーヒーのにおいがします。
　　　　　　　　　　　N

留意点：　　・いいにおいのする消しゴムや石けんなどを使ったり、フルーツキャンディ
などを食べたりしてもよい。

使いましょう 1

ポイント：　　地震の影響について話せる

場　面：　　地震のあと、メディアのアナウンサーが住民にインタビューしている

新出語：　　電線，通る

練習の仕方：　①Sに日本で地震を経験したことがあるか、大きい地震が起きたら、どん
な困ったことが起きるか聞く。②『メインテキスト』の練習をする。

留意点：　　・代入肢の2つ目は理由を表していることに注意する。

・インタビュー用にマイクを使うと臨場感が出る。

・大地震で家族が被害にあったSがいる場合は、一般論にとどめたほうが
よい。

発展練習：　　電気、ガス、水道が止まったら生活にどんな影響が出るか、グループで話
し合う。

使いましょう ② ✐

ポイント：	地震について読んで理解できる。自国の自然災害について書ける
新出語：	津波，情報，自然，災害，キャッチする，困る，正確［な］，できるだけ，ですから，〜によると
新出項目：	③調査によると、毎日どこかで小さい地震が起きているそうです。
練習の仕方：	①どんな人が話しているか確認してから、『メインテキスト』の練習をする。3）の質問は自国の自然災害について、グループで話し合う。各自作文を書く。その際、必要な語彙はTが適宜示す。P.10（9）参照。『文型説明と翻訳』P.60参照。

会話

場　面：	マリー・スミスとアラン・マレが夜の海辺で沖のいか釣り船を見ている。
新出語：	波，空，星，いか，揺れる，ロマンチック［な］，ほら
新出項目：	①もう少し歩きましょうか。
留意点：	・いか釣り船を知らない学習者もいるので、写真を用意しておくとよい。

29

到達目標：評価の内容を並列して述べることができる
自分の決意、決定したこと、予定が言える

1-1.

ポイント：　評価の内容を並列して言える，「S（普通形）し、〜」
場　面：　学食で昼ご飯を食べながら、学食のよさを話している
新出語：　学食，値段，量，メニュー，栄養，バランス，営業する，豊富［な］，緑
練習の仕方：　①Sにどこで昼ご飯を食べるか、どうしてそこへ行くかなどと聞いて、「お
いしいです。安いです。近いです。」などの答えを引き出し、「〜はおいし
いし、安いし、とてもいいです。」と言って、板書する。②イラストを見せ
る。Sは食べている場所、メニュー、営業時間、外の景色など気がついた
ことを話し、場面の確認をする。③四角の中の語彙を参考にして『メイン
テキスト』の練習をする。ペアまたはグループでできるだけ多く文を作る。
　+α　近くの店や自分のアパート、勤務先などについて自由に述べる。**文
型1**

板　書：　　　　　おいしいし、値段が安いし、とてもいいです。
　　　　　　　S（普通形）

留意点：　・「〜くて、〜で」との違いを聞かれることがある。「安くて、おいしくて、
いいです。」はいいと思う根拠が「安い」と「おいしい」だけ、「安いし、
おいしいし、いいです。」はいいと思う根拠はほかにもあって、「安い」と
「おいしい」を例として挙げていることを示す。

1-2.

ポイント：　人の性格が描写できる
場　面：　AがBに、Bの友人であるCがどんな人か聞いている
新出語：　気がつく，明るい，我慢強い，きれい好き［な］，活発［な］，一生懸命
練習の仕方：　①『メインテキスト』のBの吹き出しの中の語彙を教えながら、クラスの
だれに当てはまるかを言い合う。②『メインテキスト』の練習をする。+α　ペ
アやグループで家族、国の先生などについて話す。
留意点：　・「〜し」を使うのは1回だけでもよい。

1-3. 🎤

ポイント：　理由と意見が言える
場　面：　グループでディスカッションをしている

新出語：	メモ，都会，田舎，外食，自炊，泊める，安全[な]，自由[な]
練習の仕方：	①Sに現在の住居についてアパートか、寮か、自分の家かなど聞く。その いい点をSから引き出し、必要な語彙があれば教える。②『メインテキス ト』を見て、Sは「あなたのメモ」に寮がいいかアパートがいいか記入し、 その理由も書く。理由は文ではなくキーワードでよい。③3、4人のグル ープになって司会役を決め、『メインテキスト』を参考にディスカッション をする。④同様に1)都会と田舎2)外食と自炊について同様に行う。＋α S の身近な店（ハンバーガーショップや居酒屋など）の場所、値段、サービ スの比較をする。
発展練習：	クラス全体でのディスカッションまたはディベートをしてもよい。

2-1.

ポイント：	決意が表明できる，「V dic. ／ V ない　ことにしました」
場　面：	男の人が決意したことを話している
新出語：	体操する
練習の仕方：	①Tが「わたしは決めました。あしたから毎朝、野菜ジュースを飲みます。 甘いものを食べません。野菜ジュースを飲むことにしました。甘いものを 食べないことにしました。」と決意を話す。②イラストの例）を見て、「お 酒を飲みません。お酒をやめます。お酒をやめることにしました。」と言っ て、板書する。③『メインテキスト』の練習をする。＋α Sが自分の決め たことを発表する。**文型2**

板　書：	［お酒を　やめる］ことにしました。 ［お酒を飲まない］ 　 V dic. ／ V ない

留意点：	・イラストによっては辞書形・ない形の両方が使える。3）は「エレベー ターを使わない」「階段を使う」のどちらでもよい。

2-2.

ポイント：	決意が聞ける／言える
新出語：	就職，決まる
練習の仕方：	①Sに卒業後大学院へ行くかどうかを聞く。②『メインテキスト』の練習 をする。P.9（4）参照。
留意点：	・「すると決めたこと」については相手が一言コメントし、「しないと決め たこと」には本人がその理由をつけ加える。 ・学習者が学生ではない場合は、ほかの身近なトピック（ペットを飼う、 仕事を続けるなど）にする。

3.

ポイント：	決定されたことが言える，「V dic. ／ V ない　ことになりました」

場　面：	社員が会議について同僚に話している
新出語：	広告，支店，システム，新入社員，出す，開発する，変える，募集する
練習の仕方：	①Tが「学校の広告を出したいと思います。どこに出しますか。みんなで決めましょう。」と言って、新聞、電車の中、テレビ、インターネットの中からいちばん多かったものを板書する。②『メインテキスト』の練習をする。┃+α┃クラスをグループに分けてそれぞれを1つの会社という設定にし、『メインテキスト』の1）〜5）について意見を聞いて、多数決の結果をクラスで報告する。**文型3**

板　書：	新聞に広告を　　　　出す テレビに広告を出さない　こと になりました。 　　　　　　V dic. ／ V ない

留意点：	・「〜ことにしました」と「〜ことになりました」の違いを聞かれたら、「〜ことにしました」は「自分で決めました。」で、「〜ことになりました」は「相談して決めました。ほかの人が決めました。」であると答える。

4.

ポイント：	決定しているスケジュール／規則が言える、「V dic. ／ V ない　ことになっています」
場　面：	僧侶がお寺での規則を説明している
練習の仕方：	①Sにお寺に泊まったことがあるか聞く。あれば、どんなことをしたか、起床や就寝時間などについてのルールがあったかなど話題を広げる。②イラストの吹き出しの「あさ4じ」を見て、「朝4時にみんな起きます。ルールです。」「朝4時に起きることになっています。」と言って板書する。③『メインテキスト』の練習をする。┃+α┃寮や学校のルールについて話す。**文型4**

板　書：	ここでは　朝4時に　　　　　　　　起きる 　　　　　　食事のとき、　話してはいけない　こと になっています。 　　　　　　　　　V dic. ／ V ない

留意点：	・「〜ことになりました」と「〜ことになっています」の違いを質問されたら、「5年前にごみを分けて捨てることになりました。今も分けて捨てることになっています。」のような例文を使って答える。 ・ルールを表すものとして「〜ことになっています」を扱っている。Sのレベル次第で、習慣や話し合いで決まった予定にも使うことを示してもよい。 ・座禅の写真を見せたり、座禅が体験できる寺があれば紹介するとよい。

使いましょう 🎤

ポイント：	ある会社に就職を希望する理由が言える
場　面：	社員募集案内を見ている
新出語：	専門，研修，フレックスタイム，すばる電気，みどり電気，サミット電気
練習の仕方：	①卒業後、就職するかどうか、会社に就職する場合、どんな会社で働きたいかグループで話す。②クラスで『メインテキスト』のイラストを見て、3つの会社の募集内容を確認後、インタビューをする。P.9（6）参照。

+α 募集案内の中でどれがいちばん魅力的かをクラスでランキングを決める。

留意点：	・Sが就職についてあまり関心がない場合は家族や友人の勤めている会社について聞いてもよい。その際、フレックスタイムかどうかなどTが質問して新出語を提示するとよい。 ・日本での就職に興味のあるSもいるので、各種企業の募集広告を調べておくとよい。『文型説明と翻訳』P.66参照。
発展練習：	ペアで自分たちの会社を作り、会社のPRと社員募集のポスターを作る。それぞれの案内ポスターの前に立って、ほかのSの質問に答え、PRをする。最後にクラスでどの会社がいちばん魅力的だったか、理由と共に発表する。

会話

場　面：	引っ越し準備中の野口とマリー・スミスが話している
新出語：	責任，転勤する，急［な］，ずいぶん，〜けど、〜。
新出項目：	①この仕事は責任のある仕事です。②古いけど、広いうちを借りた。 👥👥福岡へ転勤することになったんだ。
留意点：	・新出項目①のように連体修飾節の主語を表す助詞が「の」になるときもある。

30

> **到達目標：** 自分の意志、行動の目的が話せる

1.

ポイント：	意向形
新出語：	ためる，意向形
用意する物：	⑩イラストカード❶動詞
練習の仕方：	①Sに新しいカメラが欲しいかどうか聞き、お金があるか、いつどこで買うかなどと聞く。お金がなければ「買いたいですが、買えません。」、買うと決めていたら「買います。」、お金もあるし、買う店もだいたい考えているがまだはっきり決まっていない場合に「買おうと思っています。」と言い、意向形を使うことを教える。②意向形の表を板書しながら、作り方を教える。適宜イラストカードで活用の練習をする。③『メインテキスト』の練習をする。P.8（2）参照。**文型1**

板　書：	意向形活用表 （P.133参照）

留意点：	・動詞のイラストカードを使用する際、意向形が作れないもの（「ある」「見える」「咲く」など物が主語となる自動詞など）を含まないよう事前に確認する。

2-1.

ポイント：	意志が言える，「Ｖ（意向形）と思っています」
新出語：	ATM
練習の仕方：	①イラストの例）を見て、自分の意志を「～ようと思っています」で表すことを確認する。②『メインテキスト』の練習をする。**文型2**

板　書：	映画をみようと思っています。 　　Ｖ（意向形）

2-2.

ポイント：	予定が言える
新出語：	予定，犬小屋
練習の仕方：	①Sに夏休み（長い休み）の予定を聞く。その際、予定がはっきり決まっていないときは前置きとして「まだ分かりませんが、」と言うことを教える。②『メインテキスト』の練習する。+α ペアでお互いの予定を聞き合い、面白い予定があれば、クラスで発表する。

2-3. 📖❓

ポイント：	意向形を使って意志が言える
新出語：	うさぎ，花束，望遠鏡，億
用意する物：	紙袋か箱、派手な服やアクセサリー、うさぎの耳、ネクタイなど
練習の仕方：	①紙袋か箱を用意し、その中に派手な服を入れておく。Sに「何だと思いますか。」と聞き、答えが出なかったら、中から取り出し、「服です。パーティーのとき、着ようと思っています」と言う。②Aは『メインテキスト』P.48、BはP.185を見て練習する。P.9（5）参照。
留意点：	・既習の動詞で「～ようと思っています」と言える物を、ほかにもいくつか紙袋に入れておくと、練習に利用できる。

2-4. 📖❓

ポイント：	しようと思っていてできなかったことが言える
場　面：	以前しようとしたことについて聞かれて答えている
新出語：	告白する
練習の仕方：	①友達と旅行に行こうと思っていたのに、行けなかったことがあるかなどと聞く。経験のあるS1にそのときの気持ちはどうだったかを聞き、「残念でしたね。」と言って相手を思いやる言葉を教える。②『メインテキスト』の練習をする。

3-1.

ポイント：	行動の目的が言える，「V dic.／Nの　ために、S」
新出語：	健康，人間関係，あいさつ，～ために、～
練習の仕方：	①Sに海外旅行などお金がかかりそうなことをしたいかどうか聞く。したいというSにお金があるか聞き、なかったらどうするか聞いて、「外国へ旅行に行くために、お金をためます。」と言うことと教える。さらに「わたしの友達は弁護士になるために、勉強しています。」「サッカー選手になるために、ブラジルへ行きました。」などと例を示し、板書で確認する。②Sに毎日ジョギングをしているか、野菜を食べているかと聞き、「健康のために、ジョギングをしています。」と言って、板書する。③『メインテキスト』の練習をする。P.9（3）参照。**＋α** 健康や将来のために、日本の習慣を知るために、いい人間関係を作るために、それぞれどんな努力をしているかを数人にインタビューする。**文型3**
板　書：	［弁護士になる］ために、<u>勉強しています</u>。 　　［健康の　　］　　　　<u>ジョギングをしています</u>。 　　V dic.／Nの
留意点：	・「～に行く」と「～ために行く」の違いを聞かれたら、「～に」は次に続く動詞には「行く、来る、帰る」しか使えないが、「～ために」はいろいろな動詞に続いて使えることを示す。また、「妹の結婚式に<u>出</u>に国へ帰りま

す。」は間違いだが「妹の結婚式に出るために、国へ帰ります。」は正しいことを教え、「～ために」は日常的なことではなく、重要性や意志の強さがあることに使うことを示す。

3-2.

ポイント：	海外へ行く目的が言える
新出語：	海外，砂漠，井戸，植える，掘る，建てる
練習の仕方：	①Sにボランティア活動をしたことがあるか、どんな活動をしたか聞く。②クラスで『メインテキスト』のイラストを見て、何をしているかを確認する。TとSで練習してから、S同士で練習をする。
留意点：	・Sの関心を引き出すために、青年海外協力隊などの海外ボランティア活動の写真などを見せてもよい。 ・「～ために」は目的と恩恵の2つの使い方があるが、Sがその違いに疑問を持たなければ触れる必要はない。P.134参照。
発展練習：	「クラスのために、学校のために、国のために」何をするかをできるだけたくさんグループで話し合って、書き出し、発表する。

友達の会話 1 👥

ポイント：	何かを一緒にしようと友達を誘える
新出項目：	ラーメン、食べようか。
練習の仕方：	①例）の1コマ目のイラストを見てA、Bの状況、その際何と言うかを確認する。2コマ目、3コマ目も同様にして、会話の流れを確認する。②例の3コマ目のラーメンのところに自分の食べたいものを自由に入れて、ペアで練習する。③『メインテキスト』1）2）の場面を確認してから練習をする。その際、吹き出しにセリフを書き入れてもよい。P.10（10）参照。 ＋α 3コマ目を自由に考えて、ペアごとにクラスで発表する。
留意点：	・Sのレベル次第で、まずクラスで会話を作って問題形式に慣れてから、ペアで練習する形でもよい。

友達の会話 2 👥

ポイント：	友達に援助の申し出ができる
新出語：	温める
練習の仕方：	①Sにけがをして困った経験があるか、あれば何をするのが大変だったか聞く。その中から「ご飯を作る」など他人にお願いできることと、「トイレに行く」など自分でしなければならないことの2つに分けて板書する。 ②友達がけがをしたら、助けてあげるかどうか聞き、援助の申し出をする際、「ご飯、作ろうか。」などと言うことを教え、板書する。けがした本人がするしかないもの（板書の下側）はすべて「手伝おうか。」と言うことを教える。③板書をもとにして、SとTで「ご飯、作ろうか。」「うん、作ってくれる？」などと友達同士の受け答えをしながら、クラス全体で練習する。④ペアで『メインテキスト』の練習をする。P.10（10）参照。

板　書：

> ご飯を作る
> 買い物に行く……

ご飯、作ろうか。…

> ご飯を食べる
> トイレに行く……

手伝おうか。

使いましょう 🖊

ポイント：	標語が作れる
新出語：	標語，守る，もっと
練習の仕方：	①Sに町で標語を見たことがあるか、どんな標語だったか聞き、面白そうなものを板書する。国にも標語があるかなどと話題にして、イメージ作りをする。②『メインテキスト』を見て、クラスで「健康のために」と「地球を守るために」どんなことをすればいいか、しているかを話し合う。その際、必要な語彙を教える。③ペアかグループで標語をできるだけ多く作り、発表する。どのグループがいちばん多く作ったか競争しても面白い。　+α　S数人がそれぞれ自国の標語を板書し、どんな意味か説明をする。その説明を受けて、クラスで相談しながら日本語版を作る。グループで行ってもよい。
留意点：	・標語は意向形にこだわらず、自由に作ってもよい。 ・「車に乗らない」などが出たら「～ないようにしよう」や「～のをやめよう」などの言葉を表現として教えてもよい。 ・標語作りはイラストを入れてポスターのように作り、教室に張ってもよい。 ・標語の提示に『文型説明と翻訳』P.72を参照してもよい。

会話

場　面：	リン・タイとキム・ヘジョンが田中正男に卒業後の希望を話している
新出語：	自分，卒業後，実現する
留意点：	・3人グループでそれぞれの卒業後の希望を聞き合い、会話を作って発表してもよい。

31

> **到達目標：**のちのために前もってしておくことが言える
> 準備が完了した状態であることが言える
> 行きすぎた状態であることが言える
> 状態を変化させるよう指示ができる

1-1.

ポイント： のちのために前もってしておくことが言える，「Ｖておきます」

新出語： 靴下，冷やす，飾る，しまう，隠す，危ない

用意する物： ❶イラストカード❶動詞

練習の仕方： ①Ｓに部屋がきれいかどうか、恋人が来るとき、どうするかと聞く。さらに部屋をきれいにするために何をするかについて、クラスで考え、出てきたことを板書する。②準備のためにするとき、「〜ておく」を使うことを示し、板書する。③『メインテキスト』の練習をする。 ＋α 国から両親が来るときどんなことをしておくか、ペアかグループで話し合う。

板　書：

> 部屋を掃除する
> ケーキを買う……

部屋を掃除し<u>ておき</u>ます。
　　　　　　Ｖて

留意点： ・「〜ておく」が物を「置く」の意味があると考える学習者がいるので、違いを明確にする。

発展練習： パーティー、発表、旅行、結婚式、引っ越しの前にどんな準備をしておくかをグループで考えて発表する。またはインタビューして結果をまとめて発表する。

1-2.

ポイント： 次回の使用に備えて後片付けの指示ができる

新出語： ホワイトボード，プラグ，消す，閉める，かける［かぎを］，片付ける

練習の仕方： ①Ｓに、授業が終わったら、いつも何をすることになっているか聞き、「ホワイトボードを消す」「窓を閉める」などの答えを引き出して、板書する。Ｔは「あした、また使いますから、ホワイトボードを消します。消しておきます。」と言って、片付けるときも「〜ておく」を使うことを教える。②板書を見ながら、「授業が終わったら、〜ておきます」と全員で練習す

る。③『メインテキスト』を見て、イラストの状況を確認し、ペアの一方が教師役になって、指示をする練習をする。**文型1**

板　書：

> ホワイトボードを消す
> 窓を閉める……

授業が終わったら、<u>ホワイトボードを消して</u>おいてください。

留意点：　・Sから「～てください」と「～ておいてください」の違いを聞かれたら、「～てください」は単純な指示で、「～ておいてください」は後片付けや、次回の使用に備えて元の状態に戻す行為であると教える。「今、ごみを捨ててください。」と指示してSに動作を促す。また、「今日教室を使いました。あしたも使います。あしたの朝、教室にごみがあったら困りますね。ですから、今日捨てておいてください。」と答える。

発展練習：　アルバイト先の店長、料理教室の先生、サッカーのコーチなどが仕事や練習のあと行う指示を「～が終わったら～ておいてください」を使って各自書く。その後、ペアで作った文を使って実際に指示をしたり、言われた人がその動作をしたりする。

2.
ポイント：　申し出に対し、放置の指示ができる，「Vておきます」
場　面：　パーティーのあとで木村春江が片付けを申し出ている
新出語：　出す，結構です。，そのままにする
練習の仕方：　①『メインテキスト』のイラストを見て状況を確認する。客が片付けると言ったら、「置いておいてください。」と言って断る言い方を教える。②『メインテキスト』をペアで練習する。**文型2**

板　書：　<u>置いておいてください。</u>
　　　　　　Ｖて

留意点：　・放置の「～ておいてください」は何か行動を起こさなくてもいい、という意味で使う。例えば「窓を開けておいてください。」は、「窓を閉めないでください。」という意味になる。
　　　　　・「～ておいて」の縮約形「～といて」は33課の**1-9**で提出されている。

3-1.
ポイント：　意図的に設定された状態が言える，「NがVてあります」
場　面：　旅館の部屋のようすを説明している
新出語：　座布団，壁，非常口，案内，周り，掛ける，張る
用意する物：　カレンダー3種（卓上に置くタイプ、壁に掛けるタイプ、ポスターのように壁に張るタイプ）

練習の仕方：	①カレンダーを３つ用意して、教室に「掛けた、張った、置いた」状態を作っておく。「教室にカレンダーがあります。カレンダーが掛けてあります。張ってあります。置いてあります。」とその状態を表現する。②教室内のテレビ、カーテンなどの状態を描写する。③Sに旅館に泊まったことがあるか聞き、あれば、どんな旅館だったか、温泉があったか、いくらだったかなど話を進める。④イラストを見て、部屋に何があるか聞きながら新出語を教える。さらに「金庫に使い方が書いてあります。」と言って、板書する。⑤『メインテキスト』の練習をする。 ┃+α┃ Tが用意した旅館やホテルのパンフレットを使って、部屋やロビーなどの描写をする。
板　書：	金庫に使い方が<u>書いて</u>あります。 　　　　　　　　Ｖて
留意点：	・旅館のパンフレットを用意したり、部屋のようすを調べたりしておくとよい。
発展練習：	各自自分の「夢の家」のイラストをかいて、「庭にりんごの木が植えてあります。部屋に大きいテレビが置いてあります。」などと言って説明する。

3-2. 🔖❓

ポイント：	準備状況の確認が聞ける／言える
場　面：	会社で会議の準備状況について確認している
新出語：	スケジュール表，スクリーン
練習の仕方：	①会社や学校で会議の経験があるか、どんな準備が必要か聞く。②イラストを見て、1）〜4）の状況を「資料のコピーが並べてあります。」などとクラスで確認する。③ペアになってAは『メインテキスト』P.55、BはP.186を見る。Aは（　）内に動詞を記入する。BはP.186のイラストを見て準備の状況を把握する。④ペアで『メインテキスト』の練習をし、準備ができている場合にはAがP.55の表の右欄に○をつける。P.9（4）（5）参照。**文型3**
発展練習：	旅行や発表、結婚式など前もって準備が必要な状況をペアで設定し、必要な準備をリストアップする。ペアで準備状況を聞く会話をする。

4-1.

ポイント：	やりすぎたことが言える，「Vすぎます」
練習の仕方：	①イラストの左の人物を指して、クラスにこの人は元気かどうか聞く。Sから「元気じゃありません。疲れています。」などの答えが出たら、その理由を聞く。Sの「忙しいです。たくさん働きました。」という答えを受けて「働きすぎました。」と言うことを板書で示す。②『メインテキスト』の練習をする。 ┃+α┃ 疲れた原因をグループでできるだけたくさん考える。

板　書：	働きすぎました。
	V <s>ます</s>

留意点：　　・「〜すぎる」はⅡグループの動詞として活用する。

4-2.

ポイント：	行きすぎた状態であることが言える，「いA／なA　すぎます」
場　面：	おしゃまな女の子が初めてのお出かけに際して、いろいろな場面に出会う
新出語：	複雑[な]
練習の仕方：	①イラストを見て、Sにそれぞれどんな場面か聞く。例を見て、「お姉さんの服を着ました。スカートが長いです。長すぎます。」と言って、板書する。②『メインテキスト』の練習をしていき、2）で、な形容詞の場合どう言うか、板書で確認する。**文型4**

板　書：	［　長　］ すぎます。
	［複雑］
	いA<s>い</s>／なA

留意点：	・「よすぎる」「なさすぎる」はこのテキストでは扱っていない。
	・Sから「きれいすぎる、上手すぎる」などの発言があったら、「〜すぎる」をゆきすぎて困った状態として使っているかどうか確認する。

4-3.

ポイント：	過度の行動や状態の結果が言える
練習の仕方：	①Sに頭が痛くなったことがあるか、原因は何だったかを聞く。②イラストを見て、Tが「勉強しすぎました。今、頭が痛いです。勉強しすぎて、頭が痛いです。」「宿題が多すぎます。頭が痛いです。宿題が多すぎて、頭が痛いです。」と言って、板書する。③『メインテキスト』の練習をする。┃+α┃ ペアかグループで頭痛の原因をたくさん考えて、クラスで発表する。

板　書：	［勉強し　］ すぎて、頭が痛いです。
	［宿題が多］

留意点：	・「すぎて」の「て形」は理由を示す。
発展練習：	「日本／学食／駅で何か問題がありますか。」とインタビューをする。答える人は「〜すぎて、〜」を使って答える。ユニークな答えをクラスで発表する。

5.

ポイント：	状態を変化させるように指示できる，「いAく／なAに／Nに　します」
新出語：	A4，B4，茶色

練習の仕方： ①あらかじめ教室の机の上に物を乱雑に置くなどしておき、Sに「きれいですか。」と聞く。Sの「汚いです。」という答えを待って、「汚いですね。じゃ、きれいにしてください。」という。②イラストを見て、い形容詞、名詞の場合も同様に提示して、板書する。③『メインテキスト』の練習をする。**文型5**

板　書：

$$\left[\begin{array}{c} 安く \\ きれいに \\ A4に \end{array}\right] してください。$$

い A ~~い~~ く／な A に／N に

留意点： ・美容院、理髪店での関連語彙として、『文型説明と翻訳』P.78を参照するとよい。

発展練習： 学食、学校、寮などを改善するプロジェクトチームを作り、学校へ提出する改善案を作成する。

使いましょう

ポイント： イベントの準備の内容が読んで分かる

場　面： 市民マラソン大会の準備委員会で準備状況を確認している

新出語： 市民マラソン，準備委員会，マラソン大会，届け，コース，外国，ポスター，ランナー，成功，いよいよ，そのほかに，どうなっていますか。

練習の仕方： ①Sにマラソンをしたことがあるか、大会に出たことがあるか、あれば、その感想を聞く。また、マラソン大会に出たいか、見たことがあるかなどと聞き、ボランティアの人がどんな準備をするか予想する。②CDを聞いて、マラソン準備委員会の会議中であることを確認する。その後各自黙読をする。③人物の関係と内容について口頭で確認する。④会話を練習したあと、1）～3）の問題を解く。問題はグループで行うといろいろな答えが得られやすい。⑤クラス全体で答えを確認する。

会話

場　面： ポン・チャチャイが鈴木京子先生に大学受験について相談している

新出語： 卒業証明書，願書，受験する

32

> **到達目標**：助言、忠告ができる
> 不確かなこと・推量したことが言える
> 動作を行うときの状態が言える

1-1.

ポイント： 助言、忠告が言える，「Vたほうがいいです」

場　面： 木村春江がマリー・スミスにインフルエンザ予防のアドバイスをしている

新出語： 予防注射，マスク，うがい，ビタミンC，はやる，取る

練習の仕方： ①Sにインフルエンザにかかったことがあるか、国で何月にインフルエンザがはやるかなどと聞く。②イラストを見て、木村春江が忠告していることを確認し、「インフルエンザがはやっていますから、予防注射をしたほうがいいですよ。」と言って、板書する。③『メインテキスト』の練習をする。

板　書： <u>予防注射をした</u>ほうがいいですよ。
　　　　　　　　Vた

留意点： ・「～するほうがいい」の形で学習したSがいたら、助言や忠告には「～たほうがいい」を使うと言う。
・病気関連の語彙は『文型説明と翻訳』P.84を参照するとよい。

1-2.

ポイント： 助言、忠告が言える，「Vないほうがいいです」

場　面： 木村春江がインフルエンザにかかったマリー・スミスに助言している

新出語： 夜更かし，ゆっくり

練習の仕方： ①イラストの例）を見て、病気のとき、夜更かしをするかどうか聞き、「夜更かしをしないほうがいいですよ。」と言って、板書する。②『メインテキスト』の練習をする。**文型 1**

板　書： <u>夜更かしをしない</u>ほうがいいですよ。
　　　　　　　　Vない

発展練習： グループごとに「富士山に登る人、日本語で発表する人、Sの国から日本へ来る友達、Sの国へ行く日本人」などにどんなアドバイスができるか考え、できるだけ多くアドバイスを書き出す。書く場合、「～よ」をつけないよう指示する。

1-3. 👥

ポイント：	困っている友人にアドバイスが言える
場　面：	困っている友人に、助言をしている
練習の仕方：	①イラストを見せて、2人が友達であること、しょんぼりしているBにAがアドバイスしていることを確認し、友達が心配なとき「どうしたの？」と話しかけることを教える。②例）のイラストを見て、Bの状況を確認し、その際のアドバイスを自由に言い合う。③『メインテキスト』の練習をする。P.10（10）参照。
発展練習：	🅓🅐ワークシート「状況を書いたカード」をプリントアウトし、Sに1枚ずつ渡す。Sはペアで「どうしたの？」「〜んだ」「〜ほうがいいよ」を使って相談とアドバイスの会話を作る。

2-1.

ポイント：	不確かなことについて言える.「S（普通形）かもしれません」
場　面：	海外旅行に行く前に保険をかけている
練習の仕方：	①Sに旅行に行くときに保険をかけるかどうか、どうしてかけるのか、どんな心配があるか聞き、Sからトラブルの可能性のあるものを引き出し、板書する。②可能性があることを「〜かもしれません」で表すことを教え、接続を示す。③『メインテキスト』の練習をする。**文型2**

板　書：	

> 病気になります、寒いです……

$$
\begin{bmatrix}
\text{病気に} & \text{なる} \\
& \text{寒い} \\
\text{買い物が大変だ} & \\
& \text{雪だ}
\end{bmatrix}
\text{かもしれません。}
$$

S（普通形）

留意点：	・「〜かもしれない」は確率が高くても低くても、可能性があれば使う。 ・「〜かもしれない」はな形容詞と名詞に接続するときは「だ」がつかない。
発展練習：	「（電車が止まる・電気がつかない・水が出ない・あした死ぬ・知っている人に会う）かもしれませんから〜ておきます」と将来起こる可能性に備えて、どんなことを準備するか話し合い、クラスで発表する。

2-2.

ポイント：	状態を把握した上で、推量と対処法が言える
新出語：	迷子
練習の仕方：	①イラストを見ながら、Sの国では迷子が多いか、台風が来るかなどと質問しながら、Sの身近な問題としてイメージできるように導く。②例をク

ラスで確認してから、ペアかグループで『メインテキスト』の練習をする。
③いろいろな答えが出て面白いので、最後にクラスで発表する。

留意点： ・この「〜かもしれません」は推量の意味になる。

3-1.

ポイント： 動作を行うときの状態が言える，「V1てV2」

場　面： 仮装パーティーの会場へ向かっている

新出語： ローラースケート，サングラス，お面，つける

練習の仕方： ①イラストを見て、このようなパーティーに行ったことがあるか聞く。場面を確認し、それぞれの人が何を着ているか、何を履いているかなどと聞く。②例）を見せて、「わたしはパーティーに参加します。」と言いながら、「わたしは」と「パーティーに参加します」の間を空けて板書する。「うさぎの耳をつけます。」と言って、「うさぎの耳をつけて」を間に板書して文を完成する。③『メインテキスト』の練習をする。 ＋α うさぎの耳、サングラス、鬼の面、サンタクロースの帽子などを準備して教室に持って行き、Sが自由にそれを選んで身につけ「わたしはうさぎの耳をつけて勉強します。」などと話す。

板　書： わたしは<u>うさぎの耳をつけて</u>パーティーに参加します。
　　　　　　　　　　Vて

留意点： ・鬼のお面や十二単が分かりにくいことがあるので、写真などを準備しておくとよい。

3-2.

ポイント： 動作を行うときの状態が言える，「V1ないでV2」

場　面： 難破船から流れ着いた孤島で生活してきた男性が救助されて話している

新出語： 希望，包丁

練習の仕方： ①山や海での事故など、最近のニュースを話題にして話し、もし海や山で事故にあったら、頑張れるかどうか聞く。②イラストを見て、遭難している状況を確認する。イラストの人物を指して、「この人は希望を捨てないで頑張りました。」と言って板書する。③『メインテキスト』の練習をする。
文型3

板　書： <u>希望を捨てないで</u>頑張りました。
　　　　　　　Vないで

3-3. ✎

ポイント： 食べ方、飲み方について聞ける／言える

新出語： 皮，ケチャップ，むく

練習の仕方：　①Sにりんごを食べるとき、皮をむくかどうかを聞いて、「〜て、〜ない
で」の言い方を確認する。②『メインテキスト』のインタビューをする。
その際、同じ人に聞かないように伝える。相手の名前を（　　　　）に書き、
○か×の答えをメモする。P.9（6）参照。 **+α** ぶどうの皮をむくか、す
いかに塩をかけるか、牛乳に砂糖を入れるか、ステーキにしょうゆをかけ
るかなど、いろいろな食べ方についてインタビューする。

2章　各課の教え方

使いましょう 1

ポイント：　　計画案に対し、意見が言える

場　面：　　新しい公園の計画案について意見を述べている

新出語：　　計画案，ボール遊び，喫茶店，（ご）意見，お〜＊，禁止する，当たる，〜
をお願いします。

練習の仕方：　①Sに国や日本の公園にどんなものがあるか、公園でしてはいけないこと
があるかなどと聞く。②『メインテキスト』を見て、新しい公園の計画案
について会議中であることを確認し、公園でボール遊びをしてもいいか聞
く。賛成、反対それぞれの意見の言い方と理由の述べ方を教える。③1）〜
4）のほかに犬の散歩、自転車、花火など、どんなことが議題になるか、ク
ラスで考えてから、グループで『メインテキスト』の練習をする。

留意点：　　・「ご〜」と「お〜」についてはP.138参照。
　　　　　　・練習の際、賛成派と反対派の役割を決めて練習してもよいし、自由に自
分の意見を言ってもよい。

使いましょう 2

ポイント：　　未来のことについて言える

新出語：　　未来，興味，飛ぶ

練習の仕方：　①クラスで100年後の学校はどうなると思うか話し合う。②『メインテキス
ト』の例を読み、意見を述べ合う。③グループで（　　　　）に自由に文を記
入して発表し、どのグループがいちばん面白かったか選ぶ。

会話

場　面：　　渡辺みどりとトム・ジョーダンがお茶の時間を楽しんでいる

新出語：　　頂く，一杯，〜でも

新出項目：　　①お茶でもいかがですか。

まとめ6

> **到達目標**：意向形の確認
> 　　　　　自動詞・他動詞の整理

1.

ポイント：	意向形の確認

2-1.

ポイント：	自動詞の確認
場　面：	女性がお化け屋敷の中を歩いている
新出語：	お化け，光る
練習の仕方：	①Sの国にお化け屋敷があるか、日本でお化け屋敷に入った経験があるか聞く。②イラストを見て、練習をする。
留意点：	・実際にお化け屋敷の写真などを見せるとよい。

2-2.

ポイント：	他動詞の確認
練習の仕方：	①イラストを見て、男性の一連の行動について他動詞を使って表す。

3.

ポイント：	まとまった文が読める／書ける
場　面：	回転ずし屋へ行った経験を書いた作文
新出語：	回転ずし，（お）客（さん），金色，回る，載せる，掛かる，選ぶ，―皿
練習の仕方：	①P.10（8）参照。②Sに日本での初めての経験について聞き、それを作文に書く。
留意点：	作文は自他動詞を意識せず、内容も自由に書いてよい。

33

到達目標：条件が言える
　　　　　予想したことが言える

1-1.

ポイント：	動詞（肯定）の条件形
新出語：	条件形
用意する物：	ⒹⒶイラストカード❶動詞
練習の仕方：	①Sに、元気になりたいとき何を食べるか聞き、出てきた答えを板書する。②「野菜を食べれば」などと、条件形を使うことを教え、形の作り方を板書して教える。③イラストカードで条件形を作る練習をする。

板　書： <u>条件形活用表（動詞）</u>（P.139参照）

留意点： ・条件形はこのテキストでは動詞肯定、動詞否定、形容詞と名詞の肯定、否定の順に学習する。**1-1～1-3**では動詞肯定のみ練習する。

1-2.

ポイント：	「V（条件形）、S」
場　面：	会社に遅れそうな人が、急いでいる
新出語：	タクシー，間に合う
練習の仕方：	①イラストを見て、「もう9時です。会社に遅れます。どうしますか。」とSに言い、条件形を使って表現することを伝え、『メインテキスト』の練習をする。

板　書： 　　<u>急げば</u>、間に合います。
　　　　　V（条件形）

留意点： ・4）は動詞の肯定形を使った文にとどめる。
発展練習： 「日本語が上手になる」条件を自由に出し合い、ベスト3を決める。

1-3.

ポイント：	望ましい結果を得るための条件が聞ける／言える
場　面：	Aがツアーデスクで旅行を安上がりにする方法を相談している
新出語：	スタンプ，クーポン
練習の仕方：	①旅行が好きか、日本で旅行したか、いくらかかったか、高かったか安かったかなどと聞く。日本で安く旅行するための方法などを話題にして、『メ

インテキスト』の語彙も教える。②『メインテキスト』の練習をする。

板　書：　　A：どうすれば、安く旅行できますか。
　　　　　　　　B：<u>4人以上で申し込めば</u>、安くなりますよ。

留意点：　　・学生証を提示すれば学生料金になることもあるという日本の情報を伝えるとよい。

発展練習：　スーパーやレンタルビデオ店、レストラン、映画館などで働いているという設定で、お客を呼ぶためのアイデアをグループで考える。ほかのグループの人に店の宣伝をし、いちばん人気のあるものを選ぶ。

1-4.

ポイント：　　動詞（否定）の条件形

練習の仕方：　①「ご飯を食べなければ、病気になります。」を提示して、その他の条件「ゲームをしない」「彼女と結婚することができない」などをSから引き出して板書し、作り方を教える。

板　書：

> ご飯を食べません……

ご飯を<u>食べ</u>なければ、病気になります
　　　　V<del>ない</del>なければ

留意点：　　・例えば「食べなければ」を「食べないければ」、「話す」を「話しなければ」などと言うSがいるので、Sの発音に注意する。

1-5.

ポイント：　　「Vなければ、S」

新出語：　　ミス，奨学金，あきらめる，宣伝する，売れる，取る，一点，途中で

練習の仕方：　①P.9（3）参照。

1-6. 🎤

ポイント：　　成功するための方法が聞ける／言える，「S1（動詞の条件形）、S2」

新出語：　　早寝早起き，長生きする

練習の仕方：　①長生きしたいか、日本人と友達になりたいか、ほかにどんな希望があるかをSに聞く。②Sは3）に自分の希望を記入し、Tのチェックを受けたあとインタビューを行う。P.9（6）参照。③インタビュー内容の中から、ユニークなもの、面白いものをクラスで発表する。

留意点：　　・Sがイメージできなければ、「いい学校に入る、日本で安く生活できる、いい論文が書ける、恋人ができる、有名になる」などのヒントを出してもよい。

発展練習：　🅓ワークシート　各自「朝起きられない、彼女が遠いところに住んでいる」

など自分の抱えている問題をワークシートの四角に書いて、クラスのほかのSに順に回す。Sは「〜ば、〜」を使ってアドバイスを書く。全員がアドバイスを書き終わったら本人に渡す。受け取った人はその中から2ついいアドバイスを選んで発表シートに記入し、発表する。

1-7.

ポイント：	「いAければ、いAくなければ、なAなら、なAじゃなければ、Nなら、Nじゃなければ」
新出語：	優秀［な］
用意する物：	ⓓⒶイラストカード❷形容詞
練習の仕方：	①Sに買いたいものとその条件を聞き、答えを板書して条件形の作り方を示す。②作り方を説明する。**文型1**

板　書：

> 安いです。使い方が簡単です。ソニーのカメラです……

$$
\begin{bmatrix}
安ければ、 \\
簡単なら、 \\
ソニーのカメラなら、 \\
高くなければ、
\end{bmatrix}
買いたいです。
$$

条件形活用表（形容詞、名詞）（P.139参照）

留意点：	・い形容詞→な形容詞→名詞→混合→否定条件の順で練習を行うと分かりやすい。 ・「たら」「と」「ば」の違いについてはP.141参照。

1-8.

ポイント：	働きたい会社の条件について言える，「S1（条件形）、S2」
場　面：	就職の条件について話している
新出語：	給料，条件，技術開発，生かす，熱心［な］
練習の仕方：	①Sに「日本の会社で働きたいですか。」と聞き、どんな条件が満たされたら働きたいか考え、「〜ば」を使って話す。②『メインテキスト』を見て、ペアで練習する。

1-9. 👥

ポイント：	友達の誘いに対して、条件を示して応じることができる
場　面：	友達を誘っている
新出語：	アルバイト代，入る，〜けど、〜。，ねえ，サミットバンド
新出項目：	②コンサートがあるんだけど、一緒に行かない？③行けるかな。④行こうよ。👥チケット、買っといて。
練習の仕方：	①はじめに『メインテキスト』のCDを聞いて、Sが分からなかったこと、気づいたことを引き出し、板書する。②『メインテキスト』を読んで、「〜

けど」「〜かな」「〜よ」の使い方を教える。また、「買っといて。」は「買っておいてください。」の縮約形であることを教え、必要なら練習する。③誘う内容を考えてから、3 〜 5分の間にできるだけたくさん一緒に行ってくれる人を探す。P.10(10)参照。

板　書：

A：ねえ。〜けど、〜ない？

A：行こうよ。

B：うーん。〜ば、〜けど……。
　　〜かな。
B：じゃ、チケット　買っといて。

😊　😊

留意点：　・誘われた人はすぐOKしないで、必ず何か条件を出す。さらに誘われたらOKする。誘う人は条件によっては誘うのを途中でやめてもいい。
　　・コンサート、スポーツ、美術館のちらしやポスターを用意しておくとよい。
　　・縮約形の説明のとき、「飲む」「呼ぶ」などは「〜どいて」になるので、注意する。

2-1.

ポイント：　今後の天気について言える，「S（普通形）でしょう」
場　面：　気象予報士が天気予報をしている
新出語：　晴れる，やむ
用意する物：　**DA**イラストカード**3**文型S08
練習の仕方：　①イラストカードを見せて、天気の言い方を確認する。②あしたの天気が分かるかSに質問し「いい天気です。」「雨が降ります。」などの答えを受けて、予報では「〜でしょう」を使って表現することを示し、板書しながら、接続の仕方を教える。③『メインテキスト』を見て、練習する。　+α　**DA**
イラストカードを切って、各グループに1セットずつ配る。グループ内で各自担当する場所（東京、名古屋、大阪など）を決める。カードをシャッフルして配り、S1は各地の予報士になって、予報を言う。自分の地域を言ったら、次の人へ続ける。「こちらは東京です。東京はあした雨が降るでしょう。（寒くなるかもしれません。）次は名古屋お願いします。」S2「こちらは名古屋です。」**文型2**

板　書：　札幌は［雪が降る］でしょう。
　　　　　　　 ┌風が強い
　　　　　　　 └曇りだ
　　　　　　 S（普通形）

留意点：　　　　・「〜でしょう」のイントネーションと発音（「〜ですよ」になっていない
　　　　　　　　　か）に注意する。

2-2.

ポイント：　　　ある条件の下での予想が言える
場　面：　　　　町の活性化を図るための会議をしている
新出語：　　　　有名人，スタジアム，若い
練習の仕方：　　①自分達の住んでいる町にどんな施設が必要か、その施設があるとどんな
　　　　　　　　メリットがあるか聞き、Ｓの答えを待って、「〜ができれば、〜でしょう」
　　　　　　　　の言い方を教える。②『メインテキスト』の例）をクラスで練習し、ほか
　　　　　　　　にどんなメリットがあるか考えて、④の欄に書く。③クラスで１）のスタ
　　　　　　　　ジアムのメリットについて一緒に考える。④２）はグループで必要な施設
　　　　　　　　を決めて、それがあったらどんなメリットがあるのか、できるだけ多く出
　　　　　　　　す。⑤グループごとに発表し、クラスでどの施設がいちばんいいか決める。
留意点：　　　　・クラスのレベルによっては１）からグループで練習してもよい。
　　　　　　　　・スタジアムや大学、公園、空港、広い道路、橋、スポーツセンター、車
　　　　　　　　の工場などのポスターや写真があると、なおよい。
発展練習：　　　・グループごとに、町や学校単位で実施するイベント（お祭り、文化祭、
　　　　　　　　スポーツ大会など）を考えて、「〜すれば、〜でしょう」と期待されること
　　　　　　　　を述べる。
　　　　　　　　・自動車会社やゲームの会社の商品開発会議の設定で、「環境にやさしい車
　　　　　　　　なら、売れるでしょう。」などと意見を言う。
　　　　　　　　・ＤＡワークシート　「大吉、中吉、小吉、凶」の言葉を教える。Ｓは「青い
　　　　　　　　服を着れば、幸せになるでしょう。」などと書いておみくじを作る。Ｔが集
　　　　　　　　めて箱に入れ、Ｓは箱から１枚ずつおみくじを引く。

使いましょう

ポイント：　　　自由な発想で条件形を使って表現できる
新出語：　　　　ヘッドホン
練習の仕方：　　①イラストの例）のキャッチコピーを見て、商品の宣伝であることを説明
　　　　　　　　する。グループでおもしろいものを考えて発表する。②どのグループの宣
　　　　　　　　伝文句がいちばんいいかクラスで決める。　＋α　パソコンなどの電気製品、
　　　　　　　　パーティーグッズなどの小物の写真、スポーツクラブの広告などを使って、
　　　　　　　　「〜ば、〜できる」のキャッチコピーを作る。
留意点：　　　　・『メインテキスト』のイラストを大きくかいて各グループに配り、各グル
　　　　　　　　ープで作ったキャッチコピーを書いて教室に張ってもよい。

会話

場　面：　　　　ホセ・カルロスが渡辺みどりに中古車を買う相談をしている
新出語：　　　　中古車，故障，中古車センター，実際に
新出項目：　　　①いい車が選べるんじゃないですか。

留意点：　　　・「〜んじゃないですか」についてはP.140参照。「子供が勉強しない。」「勉強の仕方が分からない。」「安く旅行したい。」などの相談を受けて、「〜ば、〜んじゃないですか」とアドバイスする練習などを入れてもよい。

34

> **到達目標：**全部終わったことが言える
> 　　　　　失敗談や残念だったことが言える
> 　　　　　通常すべきことをしない状態で次の行動をしたことが言える
> 　　　　　文を名詞化して、より詳細な表現ができる

1-1.

ポイント：	全部終わったことが言える，「Vてしまいます」
場　面：	先生の質問にBが答えている
新出項目：	①１時間で読んでしまいました。
練習の仕方：	①翌日以降の締め切りの宿題について、クラスで「もう言葉を覚えました か。もう作文を書きましたか。」などと聞き、もう終わったSがいたら、「〜 てしまいました」と言うことを教える。②「〜てしまいました」が『メイ ンテキスト』のイラストBのどんな気持ちを表すのか確認して板書する。 ③『メインテキスト』の練習をする。その際、「１時間で」の「で」の使い 方を教える。**文型1**

板　書：	宿題は休み時間にしてしまいました。 　　　　　　　　　Vて

留意点：	・イベントがあれば話題にして、申し込んだかどうかを聞いてもよい。 ・「〜てしまいました」には動作が終わったことだけではなく、もうしなく てもいいという話者の気持ちが含まれる。

1-2.

ポイント：	作業を早く完了したい気持ちが言える
場　面：	Aが昼ご飯に誘っているが、Bはやりかけの仕事があると断っている
新出語：	整理する，では，お先に。
練習の仕方：	①Sに仕事をした経験があるか聞く。もし昼休みまでに仕事が終わらなく ても、食事に行くか聞く。仕事を終わらせてから行くというS1に、「〜て しまいたいので……。」と理由を言うことを教える。②『メインテキスト』 のイラストを見て、状況を確認し、板書する。③Bの吹き出しの言葉を「資 料を作る・資料を読む」などとすることを確認してから、ペアで練習をす る。**＋α** **DA** ワークシート　各グループに「仕事カード」を配り、昼食に誘い 合う。誘われたSは裏返したカードの山から１枚引き、そのカードを見て、 誘いに応じられない理由を伝える。Sのレベルによっては「暇」「仕事が終 わった」などをワークシートに加えておき、誘いを受ける練習をしてもよい。

板　書：	データを整理してしまいたいので……。

2-1.

ポイント：	自分の行為について後悔の気持ちが言える，「Vてしまいました」
場　面：	自分の失敗に頭を抱えている
新出語：	間違える，寝坊する
練習の仕方：	①「かぎをなくした、電車に傘を忘れた、財布を落とした」ことがあるか等の経験を聞き、経験のあるSにどうしたか、どう思ったか、などと話を聞く。失敗したとき（困った事態になったとき）、後悔の気持ちを込めて「〜てしまいました」を使うことを教え、板書する。②『メインテキスト』の練習をする。 ┼α ペアでS自身の失敗談を語る。聞きっぱなしにせず、「それは大変でしたね」「いつ」「どこで」などと相手の言葉に興味を示し、会話を続けるようにする。**文型2**

板　書：	<u>かぎをなくして</u>しまいました。 　　　　　Ｖて

2-2.

ポイント：	パソコンのトラブルが言える
場　面：	パソコンの前で困っている
新出語：	添付，パスワード，フリーズする，終了する
練習の仕方：	①パソコンで失敗をしたことがあるかSに聞いたり、Tの失敗談を具体的に話したりしながら、語彙を順次紹介し、板書していく。②「どうしたんですか。」と聞かれたら、「〜てしまったんです。」で応じることを確認し、練習する。 ┼α 例）〜6）のトラブルに遭ったことがあるか、グループでインタビューする。例）「パソコンがフリーズしてしまったことがありますか。」

板　書：	フリーズする、削除する……

留意点：	・パソコンがあれば、画面を開いたり、キーボードのキーの場所を指したりして、実際に示すとよい。パソコン用語については『初級1 文型説明と翻訳』P.128参照。
発展練習：	ⓄⒶワークシート　スーパーの店員・駅員・先生と、困った状況の人（子供が迷子になった、電車に忘れ物をした、新幹線に遅れた、急におなかが痛くなったなど）という設定でロールプレイをする。 例）A：どうしたんですか。 　　B：<u>財布を落として</u>しまったんです。 　　A：それは大変ですね。じゃ、（お金を貸しましょうか）。 　　B：（ありがとうございます）。

2-3.

ポイント：	残念な気持ちを友達に言える
新出語：	負ける，勝つ＊
新出項目：	試合に負けちゃった。
練習の仕方：	①「忘れちゃった、やっちゃった」などの言葉を聞いたことがあるか、どこで聞いたかなどと聞き、「〜てしまいました」の普通形「〜てしまった」の縮約形「〜ちゃった」「〜じゃった」を紹介し、板書する。②『メインテキスト』の練習をする。P.10(10) 参照。『メインテキスト』P.135参照。 ┃＋α┃ 自分の失敗談を「〜ちゃった」を使って友達に話す。友達は適宜受け答えする。

板　書：	試合に負けちゃった。 　　負けてしまった→負けちゃった 　　書いてしまった→書いちゃった 　　転んでしまった→転んじゃった

留意点：	・**2-1**や**2-2**の内容を友達に言う形で練習してもよい。 ・「〜ちゃう」「〜じゃう」はクラスのレベルを見て触れてもよい。

3-1.

ポイント：	通常すべきことをしない状態で次の行動をしたことが言える，「V1たままV2」
場　面：	アラン・マレが疲れ果てて寝ている
練習の仕方：	①寝るとき窓を閉めるか、テレビや服はどうするかなどと質問し、答えを引き出す。②イラストを見て、アランがすべきことをしないで寝ている状態を、「〜たまま」で表すことを教え、板書する。③『メインテキスト』の練習をする。┃＋α┃ 練習の内容と同じことをしたことがあるか「〜たまま、〜たことがありますか」とペアで聞き合う。**文型3**

板　書：	アランさんは<u>スーツを着た</u>まま寝ています。 　　　　　　　　Ｖた

3-2.

ポイント：	すべきことをしないで失敗したことが言える
新出語：	網棚，ポケット，ズボン
練習の仕方：	①『メインテキスト』のイラストを見て、「出かけてしまいました。」「電車を降りてしまいました。」など、文の後半を確認してから、文全体の練習をする。┃＋α┃ 練習の内容のような経験があるかどうか「〜たまま、〜てしまったことがありますか」とクラス内でインタビューし合う。
留意点：	・「〜て」と「〜たまま」の違いを聞かれたら、「窓を開けて寝た」は暑いから窓を開けて寝た、「開けたまま寝た」は窓を閉め忘れて寝たと説明する。

4-1.

ポイント：	動作・行動についての評価が言える，「V dic. のはA」
新出語：	恥ずかしい
用意する物：	❶A初級 1 イラストカード❷形容詞 A08 楽しい
練習の仕方：	①「楽しい」のイラストカードを見せて、キャンプは楽しい、パーティーは楽しいなど、楽しいことをいろいろ引き出す。Sから動詞を使うものが出たら「は」の前は「の」を使うことを教え、板書する。②Tはペアかグループに紙を配り、Sは制限時間内に『メインテキスト』を見ながら 1）〜5）に入る文をできるだけたくさん書く。③作った文を発表する。その際、クラスで文が正しいかどうか判断をしたり、賛成か反対かを挙手したりしてもよい。 **＋α** その他の形容詞「難しいです、大変です」なども行う。

板　書：

$$
\begin{bmatrix} キャンプ \\ 海で泳ぐの \end{bmatrix} \text{は楽しいです。}
$$

N ／ V dic. の

4-2.

ポイント：	動作・行動について好き嫌いなどが言える，「V dic. のがA」
新出語：	得意[な]，苦手[な]
練習の仕方：	①Sに好きなものを聞いて、動詞を使う場合は **4-1** 同様、「の」を使うことを教え、板書する。②『メインテキスト』の文を完成し、発表する。

板　書：

$$
\text{わたしは} \begin{bmatrix} サッカー \\ サッカーを見るの \end{bmatrix} \text{が好きです。}
$$

N ／ V dic. の

留意点：	・Sが自分の好きなものを紙に書き、Tがその紙を集めて読み上げ、書いた人がだれかをみんなで当てる形にしてもよい。

4-3.

ポイント：	動作をし忘れたことが言える，「S（普通形）のをV」
練習の仕方：	①出かけるときに忘れたことの例（エアコンの消し忘れなど）をまずTが示し、Sにも挙げてもらう。「〜のを忘れました」のように「の」を使うことを教える。② **2-1** の「〜てしまいました」が後悔の気持ちを表すことを再び示して「〜のを忘れてしまいました」の文を板書する。③『メインテキスト』の練習をする。 **文型4**

板　書：

$$
\begin{bmatrix} かぎ \\ かぎをかけるの \end{bmatrix} \text{を忘れてしまいました。}
$$

N ／ S（普通形）の

留意点：	・「かぎをかけたのを忘れた」ではないかという質問が出たら、違いを説明する。かぎをかけるべきなのに忘れたときは「かぎをかけるのを忘れた」であり、「かぎをかけた」事実そのものを忘れたときは「かけたのを忘れた」と言うと説明する。 ・「こと」「の」についてはP.143参照。

4-4.

ポイント：	自分が持っている情報を相手が知っているかどうか聞ける
練習の仁方：	①クラスのTやSの実情に合わせて、～さんのご両親が日本へ来るのを知っているか、～さんが車を買ったのを知っているかなどと聞き、「～のを」の前に入る文の主語は「が」で表すことを教えて、板書する。②今聞いて初めて知ったという場合は「いいえ、知りませんでした。」となることを教えて、板書する。③ペアで練習する。

板　書：	<u>ホセさんが車を買ったのを知っていますか。</u> 　　　　S（普通形）

留意点：	・ここでは動詞だけを扱う。Sのレベル次第で、後半を「見た、聞いた」などで練習してもよい。

4-5. 🎤

ポイント：	自国の情報などが言える
練習の仁方：	①自分の国や町について、あまり知られていないと思う情報を考え、リストアップする。ペアやグループで質問を作ってもよい。②リストをもとにしてインタビューをする。P.9（6）参照。 ➕α インタビュー結果を集計して、知らない人がいちばん多かった情報を考えたグループを勝ちとする。
留意点：	・国の観光パンフレットなどを持ってくるように指示しておくと楽しめる。機会があれば、日本人にインタビューできるとなおよい。
発展練習：	ニュース（ゴシップ）などについて話す。「来週日本へ（有名な人）が来るのを知っていますか、～が結婚したのを知っていますか。」などのインタビューをしてもよい。

使いましょう ✏️ 👥

ポイント：	初恋について読める／書ける／話せる
新出語：	恋，相手，幼稚園，初恋物語，辞める，林もも子
練習の仕方：	①恋をしたことがあるか、何歳のときしたか、相手はどんな人だったかなどと聞き、初めての恋を初恋ということを教える。②『メインテキスト』の文を読んで、各自問題を解いたあと、答え合わせをする。③各自、初恋について作文を書いてから、発表する。P.10（8）（9）参照。
留意点：	・Sが恥ずかしがるようなら、発表しないで、作文にとどめてもよい。

会話

場　面：　しょんぼりと帰ってきたトム・ジョーダンを岩崎一郎が寮の玄関先で慰めている

新出語：　コーチ，サイン，がっかりする，悔しい，そんなに，ただいま。，お帰りなさい。

新出項目：　②だれでも試合に負けるのは悔しいですよね。

35

> **到達目標：** 行動の目的が言える
> 　　　　　日ごろの努力目標、習慣が言える
> 　　　　　用途や使用目的が言える
> 　　　　　やりやすいかどうかが言える
> 　　　　　物の性質が言える

1-1.

ポイント：　ある状態を目指して行うことが言える，「V dic. ／ Vない　ように、S」

新出語：　ヘルメット

練習の仕方：　①Sが皆『メインテキスト』に名前を書いてあることを確認してから、「間違えないように名前を書きました。なくさないように名前を書きました。」と言う。さらに手帳などを出して、「わたしはよくメモをします。皆さんもメモをしますか。」と聞き、Sの答えを待って、「忘れないように、メモをします。」を導き板書する。②『メインテキスト』の練習をする。**文型1**

板　書：

$$\left[\begin{array}{c}\text{忘れない}\\\text{すぐ分かる}\end{array}\right]\text{ように、メモをします。}$$

　　　　Vない／ V dic.

留意点：　・可能形、「分かる」「見える」などの動詞、ない形が使われることを十分確認する。
　　　　・「～ために」と「～ように」の違いを聞かれたら、「健康のために、家族のために」などの使い方は「～ように」にはないこと、「みんなが読めるように、新聞がロビーに置いてある。」「日本語の新聞を読むために、日本語を勉強している。」などの例を出して説明する。P.144参照。

1-2.

ポイント：　ある状態を目指して何を行うか言える

練習の仕方：　①Sに早く起きられるか、試験の日などに早く起きられるように何をするか聞き、Sからいろいろなアイデアを引き出す。②『メインテキスト』を見て、ペアやグループで、文の後半をできるだけたくさん考える。

1-3.

ポイント：　工夫していることが言える

場　面：　水族館員にインタビューしている

新出語：　水族館，工夫，トンネル，ショー，レインコート，車いす，スロープ

練習の仕方：	①Sに日本の水族館に行ったことがあるか、どんな水族館だったか、国の水族館と違うことがあるかなどと聞き、興味を引き出す。②『メインテキスト』の練習をする。**文型1**
留意点：	・Bの後半の文を作るために、イラストをクラスでよく確認してから練習を行う。 ・水族館や動物園のパンフレットを見せるとよい。
発展練習：	・身の回りの生活用品、町の施設などの中から工夫されている物を探す。（袋がすぐ切れるように少し切ってあります。外国人でも分かるように駅の名前が平仮名とローマ字で書いてあります。など） ・建築家や設計士になったつもりで、グループで夢の家や理想の家を考えて絵をかき、発表する。（いつでも泳げるようにプールが作ってあります。猫が入れるように小さいドアが作ってあります。など）

2-1.

ポイント：	日ごろ心がけていることが言える，「V dic. ようにしています」
新出語：	予習，復習＊
練習の仕方：	①Sに日本語が上手になりたいか、毎日頑張って何をしているか聞き、答えを板書して、いつも頑張ってしていることを「〜ようにしています」を使って表現することを教える。②『メインテキスト』の練習をする。
板　書：	毎日漢字を5つ覚えます 毎晩3時間勉強します…… <u>毎日漢字を5つ覚える</u>ようにしています。 　　　　　　V dic.
留意点：	・Sのレベル次第では、「毎日ニュースを見るようにしてください。」と指示する形につなげてもよい。 ・婉曲表現としての「あした、9時に来るようにしてください。」などはこのテキストでは扱っていない。

2-2.

ポイント：	日ごろ心がけていることが言える，「V dic. ／ Vない　ようにしています」
練習の仕方：	①健康のためや、いい人間関係を作るためにどんなことをしているか、制限時間内にグループでできるだけたくさん考える。②ほかのグループにインタビューに行き、『メインテキスト』の空欄に書く。③インタビューした中から1人を選んで、例のようにまとめて発表する。P.9(6)(7) 参照。 ＋α 「毎日の生活で、環境のために、家族のために」などのテーマでインタビューする。**文型2**

3-1.

ポイント： 使用目的や用途が言える．「V dic.のにS」

新出語： つめ切り，つめ，歯ブラシ，炊飯器，体温計，炊く，測る

用意する物： つめ切り、歯ブラシ、箸など

練習の仕方： ①用意した実物を見せ、「これはつめ切りです。つめを切るのに使います。」などと説明し、板書する。②『メインテキスト』の練習をする。 $\boxed{+\alpha}$ Tがいちごスプーン、アボカドカッター、皮むき、耳かき、お年玉袋や日用品などの実物を示す。Sは「それは～のに使うと思います」と推測して発表する。未習語彙は適宜紹介する。

板　書： これは<u>つめを切る</u>のに使います。
　　　　　　　　　　V dic.

留意点： ・「～ために、使う」と言ってはいけないかとの質問があったら「料理するために、いろいろなもの（道具）を買いました。」「これはパンを切るのに使います。」と目的と用途を区別して示す。

・Sのレベル次第で「使います」だけでなく、「便利です、いいです、役に立ちます、必要です」などでも練習する。

発展練習： ・「このアパートは～のに便利です」「～のに学生証が必要です」などの練習をする。

・社員旅行・文化祭・スピーチコンテストは何に役に立つかについてグループで話し合う。「社員旅行はいい人間関係を作るのに、役に立つと思います。」など。

3-2.

ポイント： 使用目的や用途が言える．「NにS」

場　面： フリーマーケットで品物の説明をしている

練習の仕方： ①フリーマーケットで品物を売ったり買ったりしたことがあるか、インターネットのオークションの経験があるか、何を買ったか、売ったかなどの話題で話す。②『メインテキスト』を見て、フリーマーケットの場面であることを確認する。イラストの靴やかばんの特徴を捉えて、何に適しているか考える。③右の四角から何に向いているかを選んで発表する。 $\boxed{+\alpha}$ Sが売り手になって、「この～は～にいいですよ」と自分の持ち物のPRをする。名詞だけでなく、動詞も使って自由に言う。**文型3**

板　書： この<u>靴</u>は<u>ジョギング</u>にいいです。
　　　　　　　　　　　　N

3-3. 📖❓

ポイント：　イベントの準備について聞ける／言える，「V dic. のに S」
場　面：　Aが雪祭りの雪像の製作者（B）にインタビューしている
新出語：　—トン、白雪姫
練習の仕方：　①Sの国でパスポートやビザを取るのにどのぐらいお金や時間がかかる
か、何が必要かを聞き、「パスポートを取るのに〜」と「のに」を使うこと
を教える。②Sに雪祭りを知っているか、見たことがあるか、Sの国にそ
ういう祭りがあるかなどと聞き、興味を引く。③『メインテキスト』を見
て、雪像を作るのにどれぐらい時間がかかると思うかなど聞き、皆で答え
が分からないながらもいろいろ想像する。④ペアで『メインテキスト』の
練習をして、互いに情報を聞き合う。P.9（6）参照。　+α　自国の有名な建
物などを作るのに、どのぐらい期間や費用がかかったか調べて発表する。

板　書：　<u>デザインを決める</u>のに、<u>3か月</u>かかりました。
　　　　　　　　　　V dic.

留意点：　・雪祭りの写真やDVDを見せるとよい。
発展練習：　①グループで、自分たちで店を作る想定で、いくらぐらいかかるかなどの
ディスカッションをする。②宇宙エレベーター、どこにでも行けるドア、
体が小さくなる薬、などを発明してノーベル賞を受賞したという設定で、
何の役に立つか、どのぐらいかかったかなどについてグループで話し合う。
順番に教室の前に立ってほかのグループの人からインタビューを受ける。

4-1.

ポイント：　やりやすいかどうかが言える，「Vやすい／にくいです」
練習の仕方：　①例）のイラストを見て、どちらの時計が時間がすぐ分かるかSに質問し、
答えを受けて、「見やすいです／見にくいです」の表現を教える。②板書
後、『メインテキスト』の練習をする。

板　書：　この時計は ⎡見やすいです。⎤
　　　　　　　　　　⎣見にくいです。⎦
　　　　　　　　　　Vます

発展練習：　DAワークシート　「〜と〜とどちらが〜ですか」を使った文を各自1つ考え
て、答えと理由をグループ内で聞き合い、結果を集計して発表する。

4-2.

ポイント：　物の性質が言える
新出語：　廊下，滑る
練習の仕方：　①Sが着ている服を話題にして、洗濯したらすぐ乾くか聞き、「この服は乾
きやすいです。」などと物の性質を表すときにも「〜やすい／〜にくい」を

使うことを示す。②『メインテキスト』の例を見てこの花瓶はどんな花瓶かを想像する。「この花瓶は割れやすいです。」と言うSの答えを待って、物の性質にも「～やすい」「～にくい」を使うことを確認する。③『メインテキスト』の練習をする。**文型4**

板　書：　　　この花瓶は割れやすいので、気をつけてください。
　　　　　　　　　　　Vます

留意点：　　　・薄いガラスのコップ、プラスチックのコップなど実物などあればなおよい。

使いましょう １

ポイント：　　　日本の縁起物についての文を読んで理解できる
新出語：　　　神社，板，裏，願い事，入学試験，お願い，挙げる，招く，大勢
新出項目：　　　①大学に合格しますように。
用意する物：　　絵馬、招き猫のイラスト『文型説明と翻訳』P.106
練習の仕方：　　①絵馬や招き猫のイラストを見せて、見たことがあるかどうか、どんなものだと思うか聞く。②各自『メインテキスト』の文を読んで問題に答える。きちんとした文になるように注意しながら答え合わせをする。P.10（8）参照。
留意点：　　　・実物（絵馬、招き猫）があれば、より身近に感じられる。ほかに熊手や羽子板なども紹介してもよい。
　　　　　　　・「～ます＋ように」は**使いましょう ２**で練習する。
発展練習：　　各自自分の国の願い事の習慣についてグループで話し、紹介文を書く。

使いましょう ２ ✏

ポイント：　　　願い事が書ける
場　面：　　　七夕の短冊に願い事を書く
新出語：　　　七夕
用意する物：　　細長い紙
練習の仕方：　　①『メインテキスト』のイラストを見て、七夕を知っているか、いつか、何をするか、Sの国にあるかなどと聞く。知らないようなら紹介する。
　　　　　　　②紙を配り、各自願い事を書く。その際、願い事には丁寧形を使うように指示する。P.10（9）参照。
留意点：　　　・七夕が近いようなら、笹を準備し、願い事を短冊に書いて飾り付けるとよい。
　　　　　　　・Sは縦書きに慣れていないので、右上から下に向かって書くことを教える。また、片仮名の長音は「ー」ではなく「｜」、また、拗音は上の文字のすぐ右下に書くことを教える。

会話

場　面：	木村春江がポン・チャチャイに小さい傘を見せている
新出語：	駅前，持ち歩く，売る，ついでに，いいんですか。
留意点：	・折り畳みの小さい傘を用意しておくとよい。

36

到達目標：動作を受けたことが言える
　　　　　迷惑を受けた気持ちが言える
　　　　　動作主を特定せず、もの・ことを主題として描写できる

1.

ポイント：	受身形
新出語：	呼ぶ，騒ぐ，振る，しかる，褒める，発明する，受身形
用意する物：	**DA**イラストカード❶動詞
練習の仕方：	①S1をいい学生だと褒め、それを自分の立場で話したいとき、「先生はわたしをいい学生だと言いました。」ではなく、「わたしは先生にいい学生だと言われました。」ということを教える。②受身形の作り方を説明しながら、板書する。③イラストカードで練習してから、『メインテキスト』の練習をする。**文型1**

板　書：	受身形活用表 (P.146参照)

留意点：	・イラストカードは受身形が作れるものだけを使う。
	・受身形はⅡグループの動詞として活用する。

2-1.

ポイント：	動作を受けたことが言える，「N1（人）はN2にV（受身形）」
場　面：	1日の出来事を思い出している
新出語：	課長，起こす
練習の仕方：	①Sに国では朝自分で起きたか、だれかに起こされたか、だれに起こされたかなどと聞く。お母さんに起こされたSに「わたしは母に起こされました。」となることを教える。「わたし」の立場から表現するので、起こす人（動作を行う人）に助詞「に」を使い、受身形を使うことを確認して、板書する。②『メインテキスト』の練習をする。**＋α** **DA**ワークシート　「〜に（呼ばれた、褒められた、笑われた、振られた、誘われた）こと」があるか、ワークシートに質問項目を書いて、インタビューし、発表する。**文型2**

板　書：	わたしは<u>母に</u>おこされました。
	V（受身形）

留意点：	・ここでは「わたし」に限定して練習する。

2-2.

ポイント：	しかられたことなどが言える
場　面：	木村春江が元気がない学生を慰めている
新出語：	遅刻，欠席
練習の仕方：	①先生に注意されたことがあるか、何と言われたかなどと聞く。さらに、友達が先生に注意されて元気がなかったら、「どうしたんですか。元気がありませんね。」と声をかけることを教える。②『メインテキスト』の練習をする。
留意点：	・Bにあまり元気よく発話しないよう、Aに「そうですか」は慰める気持ちを込めて言うように伝えて、練習を行う。

2-3. 👥

ポイント：	褒められたことなど、うれしいことを友達に言える
場　面：	うれしそうなようすのBに、友人Aが話しかけている
新出語：	プロポーズする
新出項目：	歌舞伎を見に行こうって言われた。
練習の仕方：	①クラスで楽しそうにしているSに「何かいいことあったの？　にこにこして……」と聞く。Sがうれしかったことがあれば話を聞き、なければだれに何に誘われたらうれしいか、だれに褒められたらうれしいかなどクラスで考える。②「～と言われた」の会話表現が「～って言われた」になることを教え、『メインテキスト』の練習をする。P.10(10) 参照。『メインテキスト』P.135参照。
留意点：	・友達同士でうれしそうに会話するように伝える。

3-1.

ポイント：	迷惑を受けたことが言える、「N1（人）はN2にN3（もの）をVt.（受身形）」
場　面：	1日の嫌なことを思い出している
新出語：	泥棒，こぼす，取る
練習の仕方：	①Sにラッシュアワーの電車で困った経験をしたことがあるかを聞き、出てきた答えをもとに、迷惑の気持ちを表現したいときに「踏まれた、押された、触られた」など受身形を使うことを教える。②『メインテキスト』の練習をする。 ＋α DA ワークシート　例から5までの質問について経験があるかどうか、インタビューする。**文型3**
板　書：	隣の人に足をふまれました。 　　　V（受身形）
留意点：	・Sから迷惑を受けたことを自由に引き出そうとすると、使役受身で表さなければならない場合もあるのでそうならないよう注意する。このテキストでは使役受身は扱わない。

3-2.

ポイント：	大変だったことが言える，「N1（人）はN2にV（受身形）」
新出語：	酔っ払い，蚊，刺す，嫌［な］
練習の仕方：	①Sに酔っぱらいを見たことがあるか、騒いでいたか、そのときどう思ったかなどと聞く。②『メインテキスト』を見て、新出語の確認をしながら、状況をイメージできるようにする。感想などを引き出しておいてもよい。③ペアで『メインテキスト』の練習をする。
板　書：	<u>夕べ酔っ払いにさわがれて</u>、大変だったんです。
留意点：	・必要なら受身形のて形を確認してから、練習を行う。 ・自動詞が使われることに疑問をもつSがいたら、何かが起こって、そのことが原因で困った気持ちを表す表現なので、自動詞も他動詞も使うと説明する。3）は「雨が降る」が困る要因である。 ・「友達に急に来られる。」はSの国の習慣や年代によって、迷惑と感じないことがあるので、友達が来たらうれしいか、急に友達が来て困ったことがあるかと聞いてみるとよい。

3-3.

ポイント：	迷惑の受身と受益表現が使い分けられる
場　面：	リン・タイがうれしかったことや嫌だったことを話している
用意する物：	ⓁⒶイラストカード❸文型S09
練習の仕方：	①イラスト例1）と例2）を見て、リンの気持ちはイラストカードのどちらかを考える。嫌な気持ちは受身形を使い、うれしい気持ちは「〜てもらう」を使うことを確認する。イラストを見ながら、リンがどんな気持ちか確認し、あわせてBの対応の言葉にも注目する。②ペアで『メインテキスト』の練習をする。
板　書：	<u>隣の人</u>にピアノをひかれました。 <u>マリーさん</u>に<u>ピアノをひいてもらいました</u>。
留意点：	・Sのレベルによっては「〜てもらう」をきちんと復習してから練習を行うとよい。
発展練習：	・ペアを作り、隣に住んでいる人について話す。Aの隣は親切な人、Bの隣は嫌な人という設定にし、Aは何をしてもらったか、Bは何をされたかを話す。途中で、役割やペアを変える。

4-1.

ポイント：	受身形を使って、社会的、歴史的な出来事を客観的に言える，「N（もの／こと）がV（受身形）」

新出語：	平安時代，開く，一世紀，姫路城，長野オリンピック，源氏物語，小京都，金沢
練習の仕方：	①Sの国でオリンピック、マラソン大会などがあったか聞き、あったらだれが開いたかを聞く。Sの戸惑いを受けて、だれが開いたかわからなかったり、話す必要がない場合も、受身形を使うことを教える。②『メインテキスト』を見て、マッチングすることを確認する。例を板書してから、イラストを見ながら練習をする。P.9（3）参照。③Sの国で開かれたイベントや有名な建物などについて発表する。Sの発言に合わせて、適宜語彙を紹介する。**文型4**

板　書：	<u>1998年</u>に<u>長野オリンピック</u>が<u>ひらかれました</u>。
	V（受身形）

留意点：	・長野オリンピック、姫路城、源氏物語などについてSから質問がある場合もあるので、写真などを用意しておくとよい。日本の時代については『初級1文型説明と翻訳』P.154参照。

4-2.

ポイント：	偉人の功績が言える
新出語：	ダイナマイト，ラジウム，発見する，～によって，タージ・マハル，ノーベル，シェークスピア，マリー・キュリー，シャー・ジャハーン，ハムレット
新出項目：	①源氏物語は紫式部によって書かれました。
練習の仕方：	①源氏物語を知っているか、いつ、だれが書いたか聞き、知らなければ教える。書いた人を「～によって」で表すことを教えて、板書する。②『メインテキスト』の練習をする。P.9（3）参照。 ┌ **＋α** ┐ 自分の国の偉人の功績について話す。Sの発言に合わせて、適宜語彙を紹介する。

板　書：	<u>源氏物語</u>は<u>紫式部</u>によって<u>かかれました</u>。

留意点：	・電話の発明や新大陸発見などは、だれの功績か諸説のあるものや、歴史的認識が異なるものがあるので注意する。 ・「～によって」を使う受け身の動詞が限られていることを教える。4-1のように歴史的、社会的に重要なことに使い、「この料理は母によって作られた。」など日常的なことには使わないことを教える。 ・Sからどうして「人に」ではなく「人によって」を使うのかという質問があったら、P.147を参照。

4-3. 👤

ポイント：	自国の産業について言える
新出語：	工業，農業，漁業，産業＊，自動車，石油，輸出する，輸入する，盛ん［な］
練習の仕方：	①日本の工場でどんなものを作っているか。日本からどんなものがSの国に輸入されているかなど、新出語を教えながら、日本の産業についてSが知っていることを引き出す。さらに、Sの国の産業について、どんなものが作られているか、何が盛んかなどを聞く。②『メインテキスト』を読み、内容を確認する。③Sは工業、農業、漁業のどれかを選び、（　）に適当な言葉を入れ、自国の産業について発表する。Sの発言に合わせて、適宜語彙を紹介する。
留意点：	・日本人の視点では「日本からの輸出」になるが、Sの視点では「日本からの輸入」となるので、Sの視点で話すようにする。 ・産業に関連する語彙は『文型説明と翻訳』P.114参照。

使いましょう

ポイント：	町についての説明文を読んで理解できる
新出語：	侍，行列，工芸品，家庭，行う，親しむ，美しい，伝統的［な］，大変，兼六園
新出項目：	②兼六園という公園
用意する物：	日本地図
練習の仕方：	①Sに金沢を知っているか、どこにあるか、行ったことがあるかなどと聞く。場所を知らないSのために、日本地図で場所を教える。②『メインテキスト』の問題を解く。P.10（8）参照。
留意点：	・金沢のパンフレットなどがあるとよい。
発展練習：	Sの国の古都などについての紹介文を書いて、発表する。

会話

場　面：	リン・タイと渡辺みどりが小説について話している
新出語：	小説，最後，最初＊，勧める，疑う，生きる，殺す，興味深い，特に
留意点：	①本を読むか、読む前に最後にどうなるかを知りたいか、今まで読んだ本で印象深かったものなどについて話し合ってもよい。②レベルの高いクラスでは読んだ本のあらすじの説明を求めてもよい。

37

> **到達目標：**見た目の印象が言える
> 　　　　　予想が言える
> 　　　　　動作の段階の描写ができる
> 　　　　　試みに行うことが言える

1-1.
ポイント：　見た目の印象が言える，「いA／なA　そうです」
場　面：　自転車に乗っている2人がキャンプ場のようすを見ている
練習の仕方：①キャンプをしたことがあるか、いつ行ったか、どんなことをしたかなどと聞く。②イラストの例）を見せて、子供たちのようすはどうか聞き、「楽しいです。」というSの答えを待って、見ている人の立場からは「楽しそうです。」と言うことを教え、板書する。③4）を見て、な形容詞の接続を説明しながら板書に追加する。④『メインテキスト』の練習をする。

板　書：　あの子供たちは ［楽しい／暇］ そうです。
　　　　　　　　　　いA／なA

留意点：
・見た目の印象を述べる表現であるので、名詞には使わないことを確認する。また、「赤い」など見てはっきり判断できるものには使わないことも示す。
・おいしそうなケーキや料理、豪華な車の写真、難しそうな本などを使って、練習するとよい。
・「～そうです」の否定形はこのテキストでは扱わない。

1-2.
ポイント：　絵を見て、人の印象が言える
新出語：　暗い，冷たい，気が弱い，気が強い＊，気が短い，意地悪［な］，頑固［な］，わがまま［な］，そんなことない。
練習の仕方：①今までに勉強した性格を表す言葉をSから引き出し、板書する。さらに新出語を教える。②友達会話では「～そうです」の普通形は「～そうだ」であること、「そんなことないよ。」が評価や判断に対する否定であることを教える。③ペアで『メインテキスト』のイラストを見る。Aは下の四角から言葉を選んで印象を述べ、BはAに反論してプラスの評価をする。
+α　教師やクラスメートについて「はじめて会ったとき、～そうだと思いましたが、本当は～な人です」と第一印象とその後の印象の変化について話す。

板　書：	親切、優しい……
	意地悪、頑固

留意点：　　　・写真を見ながら話しているという場面で、Bは写真の人物をよく知っているという設定で練習する。

　　　　　　　・Bは必ずしもAの感想の反意語を使わなくてもよいが、コメントが「いい人」だけにならないように配慮する。

発展練習：　　雑誌の表紙などの人物写真を4、5枚ずつ各グループに配る。グループの1人が机に並べられた写真からどれかを選んで、その人物について「この人は～そうです。～そうです」などと印象を述べる。ほかの人はどの人物かを当てる。

1-3.

ポイント：　　状況が変化しそうなようすが言える，「Vそうです」

新出語：　　　屋根，わに

練習の仕方：　①Sに台風を知っているか、Sの国に台風が来るか、経験があればそのときどうだったかなどについて聞く。②『メインテキスト』の例の状況を確認し、今は倒れていないがもうすぐ倒れる状況のとき「倒れそうです。」と言うことを教えて、板書する。③『メインテキスト』の練習をする。**＋α**

DAイラストカード**❶**動詞，**❸**文型S10～S15　イラストカードを見て、表現する。**文型1**

板　書：　　　<u>木がたおれ</u>そうです。

　　　　　　　　　　Vます

留意点：　　　・破れそうな靴下、切れそうな紐などをSに見せるとよい。その場合、「破れそうです。」だけでなく、実際に破って「破れました。」まで見せると違いがよく伝わる。

1-4.

ポイント：　　予想が聞ける／言える

場　面：　　　交流パーティーの準備委員会で話し合っている

新出語：　　　交流パーティー，食券，材料費，後片付け，当日，用意する

練習の仕方：　①交流パーティー、学園祭、誕生パーティーなどをしたことがあるか、何人ぐらい手伝いに来たか、材料費はいくらぐらいかかったかなどを聞いて、新出語を含めて、必要な語彙を教える。②『メインテキスト』の各質問のBの予想とそれに対するAの答えを全員で考えてから、ペアで練習する。

留意点：　　　・Sが社会人の場合は身近な状況（店、工場、会社）に合わせて、イベントや販売状況などを予想するとよい。

発展練習： 🆓ワークシート　今月の携帯電話代がいくらぐらいかかりそうかなどについて、グループで聞き合う。

2-1.

ポイント： 写真やビデオなどを見て、動作がどの段階か言える，「V dic. ／ V ている／ V た　ところです」

場　面： 盆踊りで撮った写真の説明をしている

新出語： 化粧する，行ってまいります。

練習の仕方： ①盆踊りをしたことがあるか、浴衣を着たことがあるか、着たいか、写真を撮ったかなどと聞く。②『メインテキスト』の例）を見て、「この写真は～ところです」と説明することを教え、板書する。③『メインテキスト』の練習をする。$+α$ 実際に何かをしているところの写真を持ち寄って見せたり、旅行や料理の動画を見せて途中で止めながら練習する。**文型2**

板　書：
浴衣を　┌　着る　┐ ところです。
　　　　│　着ている　│
　　　　└　着た　┘

V dic. ／ V ている／ V た

留意点： ・Sに「～している」と「～しているところです」の違いを聞かれたら、「～しているところです」は、写真などの場面の状況説明をするときに使うと説明する。

2-2.

ポイント： 状況を説明して、友達が誘える，「V たところ」

場　面： 訪ねてきた友達にちょうどいいところに来たと言って、誘っている

新出語： 焼ける，ちょうど，こんにちは。，いらっしゃい。

練習の仕方： ①友達が急に来て、ちょうどよかったと思うのはどんなときかSに聞く。そのときに「ちょうど～ところです」と言うことを教え、Sから出た例で練習する。②「こんにちは。」「いらっしゃい。」を教え、「～ところです」は友達会話では「～ところ」と言うことを示し、板書する。③『メインテキスト』の練習をする。

板　書： ちょうど今ケーキが焼けたところ。

留意点： ・友達が来てうれしい例がSから出なければ、難しい宿題を教えてもらいたいとき、新しいゲームをするとき、国からおいしいお菓子が届いたときなどの例を出す。
・「いらっしゃい。」が店の呼び込みのようなイントネーションにならないように注意する。

2-3.

ポイント：	自分の状況を説明して、依頼が断れる
場　面：	会社で仕事をしている
新出語：	部長，あとで
新出項目：	①ちょっと手伝ってくれませんか。
練習の仕方：	①仕事先で「手伝ってくれませんか。」と言われたことがあるか、そのとき忙しくても手伝うか、断ったことがあるか、断ったことがあれば、何をしているときに断ったかを聞く。断る際「～ところ」を使い、申し訳ない気持ちを込めて「ところなんです」と言うことを教える。②『メインテキスト』の練習をする。 ＋α ペアでAは自由に依頼や誘いをする。Bは自分の状況を説明して断る。AはBの状況次第であきらめたり、さらに条件を変えて依頼したりする。
発展練習：	・友達同士の設定に変えて、同じ会話を行ってみる。

3.

ポイント：	試してみるように勧めることができる，「Ｖてみます」
場　面：	店員が商品を勧めている
新出語：	ドレス，電子辞書，クッション，似合う，きっと
練習の仕方：	①Sに、コートや靴を買うとき、欲しいものをすぐ買うか、買う前に着るか聞く。Sの答えを待って、ちょっと着るとき、「～てみます」の表現を使うことを教え、板書する。②アルバイト、文化祭などで何かを売った経験があるか、あれば、そのとき、どんなふうに勧めたかを聞く。③『メインテキスト』を見て、それぞれの商品を勧めるとき、（　　　）にどんな表現を入れるかを考えてから、ペアで練習する。 ＋α 『メインテキスト』の商品に興味を持っている客として、店員に「～てみてもいいですか」と聞き、店員はそれに受け答えをする形で会話する。**文型3**
板　書：	このドレス、着てみてください。 　　　　　　Ｖて
留意点：	・「～てみます」だけでなく、「～てみる」「～てみた」「～てみたい」などの言い方を練習してもよい。

使いましょう 🧑‍🏫

ポイント：	グラフが説明できる
新出語：	割合，男性，女性，グラフ，独身者用，商品，数，赤ちゃん，表す
練習の仕方：	①Sに結婚したいか、何歳ごろ結婚したいか、どうして結婚したくないかなどと聞き、Sの国で結婚しない人が増えているか、などの話題で興味を引く。②『メインテキスト』の例）のグラフを見て、日本の結婚しない人のグラフであることを確認する。２本の線は何の線か、何年から何年までのグラフか、◯年は男の人は何パーセントだったか、増えているか減って

いるか、どちらが多いかなど、Tが質問しながら、グラフをクラス全体で読む。②文を読んで内容を理解する。③1）2）についてグループに分かれて話し合いながらまとめ、発表する。P.10（8）参照。

留意点： ・グラフについては『文型説明と翻訳』P.121参照。

会話

場　面： ポン・チャチャイが学校の文化祭に来た木村春江を案内している
新出語： ご招待，遅い
留意点： ・「すみません、遅くなってしまって。」「わたしも今来たところです。」「今日はご招待ありがとうございます。」を練習する。

まとめ7

> **到達目標：** 条件形・受身形の確認
> 　　　　　　既習文型の整理

1.

ポイント：	条件形、受身形の確認

2.

ポイント：	既習文型の使い方
場　面：	レストランでいろいろな客が話している
新出語：	汚す
練習の仕方：	①33 〜 37課までの文型を復習してから、各自、またはペアで相談しながら答えを記入後、確認をする。

3.

ポイント：	まとまった文が読める
新出語：	ゲーム機，世界中，略，お年寄り，特徴，若者，基礎，当時，発売する，つける[名前を〜]，乱暴[な]，今では，ファミコン，ファミリーコンピューター
練習の仕方：	①ゲームをするか、PCでするか、ゲーム機でするか、携帯電話でするか、テレビを使ったゲームをしたことがあるかなど、ゲームについて話し合う。②P.10（8）参照。
留意点：	・合コン、就活などの略語を教えてもよい。

38

> **到達目標**：命令、禁止の指示が分かる／伝えられる
> 　　　　　標識やマークの意味が聞ける／言える

1-1.

ポイント：　　Ｖ（命令形）

場　面：　　言うことをきかないロバに命令している

新出語：　　命令形

練習の仕方：　①Ｓに犬を飼っているか聞き、飼っているＳがいたら、その犬はＳのことばを聞いて何かをするかなどと聞く。犬がいると想定してＴが「待て、来い。」などの命令をする。②命令形の作り方を教え、練習する。③『メインテキスト』の練習をする。 **＋α** 数人のグループで１人のＳが命令をし、ほかのＳがその命令に従うという活動をする。

板　書：　　命令形活用表（P.150参照）

留意点：　　・命令形は友人同士でもそのまま使用すると失礼になることを伝える。
　　　　　　　・緊急事態、ペットに対する指示、応援、規則の説明、伝言等のための引用に使われる。
　　　　　　　・サングラスとおもちゃのピストル（ナイフ）を用意して、怖そうなようすで教室に入り、「立て、手を挙げろ、金を出せ。」などと言って、命令形を教えてもよい。

1-2.

ポイント：　　Ｖ（禁止形）

場　面：　　おじさんがいたずらをする子供たちを怒って、いたずらをやめるように言っている

新出語：　　塀，畑，落書きする，いじめる，禁止形

練習の仕方：　①『メインテキスト』の例）を見て、子供が何をしているか、それはいいかなどとＳに聞く。書いてはいけないところに書くことを「落書き」と言うことを教える。「落書きをするな。」と言いながら、禁止形の作り方を教え、練習をする。②『メインテキスト』の練習をする。**文型１**

板　書：　　P.150参照。

1-3.

ポイント：　　命令形、禁止形を使ってスポーツの応援ができる

場　面：	サッカーの応援をしている
新出語：	行く，シュートする
練習の仕方：	①スポーツ観戦をしたことがあるか、応援するとき母語でどんなことを言うか聞き、日本語では命令形や禁止形を使うことを教える。②『メインテキスト』の練習をする。
留意点：	・応援なので、大きめの声で、アクションをつけて言うとよい。 ・試合の雰囲気を出すために効果音を使ってもよい。
発展練習：	実際にスポーツの試合のビデオを見せて、「行け。」「走れ。」「シュートしろ。」「頑張れ。」などと言って、応援する。

2.

ポイント：	小さい子供に指示できる，「Vなさい」
場　面：	出かける間際、準備ができていない子供たちに、母親が指示している
新出語：	はあい，何やってるの。
練習の仕方：	①Sに、お母さんは厳しかったかどうか聞く。厳しいお母さんはどんなことを言ったか聞き、Sから命令形で「勉強しろ。」などが出てきたら「勉強しなさい。」ということを教え、形の練習をする。②『メインテキスト』のイラストを見て、この母親は少し怒っていることを確認し、母親はどうして怒っているか、何を言いたいかを引き出し練習する。 ┃＋α┃ クラスで親子役になって、命令に従う。子供役の方は、「はあい。」と言って、その動作をする。教師と学生の役割でもよい。**文型2**
板　書：	早く<u>し</u>なさい V~~ます~~
留意点：	・「～なさい」は、親が子供に指示をする場合や試験の指示文で使用される。 ・この場面では、「何やってるの。」は下降イントネーションで言い、単に相手の現在の動作を聞いているのではなく、相手の行為を非難しているニュアンスがある。 ・「～て」→「～なさい」→「～しろ」の順で言い方が強くなる。

3-1.

ポイント：	標識、マークの意味が言える，「Nは～という意味です」
新出語：	意味，熊
練習の仕方：	①例）のイラストを見て、Sに分かるかどうか聞く。「たばこを吸ってはいけません。」などの答えが出たら、「これはたばこを吸ってはいけないという意味です。」と言って板書する。さらに「たばこを吸うなという意味です。」と言って、普通形だけでなく禁止形を含めて多様な表現が使用可能であることを示す。②『メインテキスト』の練習をする。

| 板　書： | これは ⎡たばこを吸ってはいけない⎤ という意味です。
　　　　⎣たばこを吸うな　　　　⎦ |

3-2.

ポイント： 記号、マークの意味が聞ける／言える

新出語： ドライクリーニング，アイロン，かける[アイロンを〜]，間違う，できる，正しい，どういう，OK

練習の仕方： ①Sに着ている服の洗濯表示を見るよう指示し、「どういう意味ですか。」と聞く。質問する際「どういう」と言うことを教え、板書で確認後、みんなでマークの意味を考える。Sから質問があれば必要な言葉を教える。
②『メインテキスト』の練習をする。2）については「正しい、いい、OKだ」のどれを使ってもよい。**文型3**

板　書：
A：これはどういう意味ですか。
B：ドライクリーニングができないという意味です。

発展練習： いろいろなマークや記号（エコマーク、食品の表示など）、メールの絵文字を見せ、その意味について質問し合う。『文型説明と翻訳』P.128参照。

4.

ポイント： 伝言が伝えられる，「〜と言っていました」

場　面： 電話で受けた伝言を伝えている

用意する物： 携帯電話

練習の仕方： ①自分の携帯電話の着信音が鳴るように設定しておいて、電話に出るふりをして話す。「○○さんから電話がありました。電話で『〜』と言っていました。」と例を示し、板書で確認する。②昨日家族や友達から電話があったか、何と言っていたかを聞く。③『メインテキスト』の練習をする。
＋α ①Tを含めクラスの全員が、紙にあて名、メッセージ、自分の名前を書く。②ほかの人が書いた紙が渡るように１枚ずつ配る。受け取ったメッセージをあて名の人のところへ行って「〜と言っていました」を使って伝える。まずTが例を示し、Sも同様に行う。**文型4**

板　書：
来週国へ帰ると言っていました。
　S（普通形）

留意点：
・Tは 1）〜 6）の言葉を１つずつメモにしておく。練習の際にそれをSに渡し、Sはメモを見ながら伝えるようにしてもよい。
・接続は普通形を用いるようにする。6）に「〜てください」が出てきたら、「〜てくださいと言っていました」という表現をとる。

使いましょう 1

ポイント： ボディーランゲージの意味が分かる

新出語： ボディーランゲージ，だめ[な]

練習の仕方： ①親指と人差し指で丸を作り、その手を示して、「これはどういう意味ですか。」と聞き、Sから答えを引き出す。②グループで『メインテキスト』を見て、どういう意味か考える。P.9（3）参照。一通りマッチングが終わったら、クラスで答え合わせをする。③Sは自国のボディーランゲージのイラストと意味を『メインテキスト』P.101の下の枠内に書く。 +α Sが交代でボディーランゲージを示し、みんなでその意味を当てる。

留意点： ・発表の際は動作をしながら「これは〜という意味です」と言う。

・イラストや写真と共にボディーランゲージを紹介する文を書いて、発表したり、クラス内に掲示しても面白い。

使いましょう 2

ポイント： 地震が起きたときの注意書きを読んで理解できる

場　面： 防災センターの人が地震について話している

新出語： 看板，可能性，揺れ，授業中，落ちて来る，たつ，たいてい，まず，〜の次に

練習の仕方： ①Sの国に地震があるか、大きい地震を経験したことがあるか、大きい地震が起きたらどうするか聞く。必要な言葉があれば適宜紹介する。②『メインテキスト』の練習をする。P.10（8）参照。1、2の答え合わせをする。③質問の3）についてグループで話し合う。イラスト以外のものでも構わないので、いろいろアイデアを出し合う。

留意点： ・Sの住んでいる地域の地震の際の避難場所、緊急時の連絡の取り方などを知っているか聞き、知らなければ調べておくように言う。

会話

場　面： 渡辺みどりとトム・ジョーダンが山中をドライブしている

新出語： 標識，〜辺，進む

留意点： ・日光や箕面などの猿の多いところの情報を提供してもよい。

・Sの国で問題になるような動物がいるか、話し合ってみるのもよい。

・Sの国の珍しい標識や面白い標識などを紹介し合うとよい。自分たちで標識を考えてもよい。

39

到達目標：推量したことが言える
　　　　　意外な気持ちを込めて、逆接の表現ができる
　　　　　ある動作からまだ時間がたっていないことが言える

1-1.

ポイント： 五感で感じたことから推測したことが言える，「S（普通形）ようです」

新出語： 留守，ウール，入る

用意する物： ⒹⒶ音声

練習の仕方： ①「教師用データファイル」にある音声（P.5参照）を流し、何の音か推測し合う。Sの言った言葉を受けて、「よく分かりませんが、」と言いながら、「雨のようです。」「雨が降っているようです。」などと推測したことを「～ようです」を使って言うことを教える。②『メインテキスト』の例）のイラストを見て、Sの推測したことを引き出し、名詞、形容詞、動詞の場合の形を板書で確認する。③『メインテキスト』の練習をしながら、視覚、聴覚、臭覚、味覚、触覚で感じたものを「～ようです」で表すことを教える。┃**＋α**┃①袋の中に何か（百円玉、さまざまな形をした消しゴムなど）を入れておいて、手で触ってみてそれを推測するゲームをする。②中にワイン、米、いちご、バナナなどが入っているチョコレートをそれぞれ食べて「～が入っているようです」と言って何が入っているか当てる。③香りのする消しゴムを使って何のにおいか推測する。④クラスで1人1人メモ用紙に字を書き、それをTが集めて別のSに渡す。Sはその字がだれの字か推測して「～さんの字のようです」と言う。**文型1**

板　書：

```
┌ まだ帰っていない ┐
│    もう寝た    │  ようです
│   仕事が忙しい   │
│   仕事が大変な   │
└     留守の    ┘
       S（普通形）
```

留意点： ・雨が降っているのを見ながら「雨が降っているようです。」とは言わない。はっきり分かることには「～ようです」を使わない。

・接続は「名詞＋の」「な形容詞＋な」になることを板書の色を変えるなどして明示する。

1-2.

ポイント：	状況を見て判断・推測したことが言える
場　面：	人だかりを見て、何が起こっているかを推測している
新出語：	バーゲン，集まる
用意する物：	イラストカード❸文型S16 〜 20
練習の仕方：	①イラストカードを1枚見せて、人が集まっていることを確認し、Sに何があったと思うか聞く。Sが推測した状況を「〜ようです」を使って言うことを教え、板書する。③『メインテキスト』のイラストを見て、再度ペアで練習する。

1-3.

ポイント：	状況から推理したことが言える
場　面：	荒らされた部屋を見て、状況を推理している
新出語：	足跡，はちみつ，残る
練習の仕方：	①シャーロック・ホームズを知っているか、推理小説が好きかどうか聞く。②『メインテキスト』のイラストを見て、状況を描写して、犯人の行動を推測する。
留意点：	・Sから推測が出にくいようであれば、どんな熊が入ったか、大きいか小さいかなど答えを導くような質問をする。

2-1.

ポイント：	意外な気持ちを込めて言える，「S1（普通形）のに、S2」
新出語：	席，さす[傘を〜]，譲る，山川
練習の仕方：	①Tが日常生活で不満だったり、残念だったりしたこと（例えば料理を作ったのに家族が食べなかった、買おうと思ったのに買えなかったなど）を気持ちを込めて話す。Sに自動販売機にお金を入れたのに切符が出なかった経験があるか聞き、「お金を入れたのに、切符が出ません。」「新しい機械なのに、出ません。」と言いながら板書して、接続の形を確認する。②『メインテキスト』の練習をする。**文型2**

板　書：	⌈お金を入れた⌉ のに、切符が出ません。 ⌊新しい機械な⌋ 　　S（普通形）

留意点：	・「のに」を使用すると、予想とは違うという話し手の感情が強く表現される。 ・接続は「名詞＋な」「な形容詞＋な」になることを板書の色を変えるなどして明示する。

2-2.

ポイント：	努力が報われない気持ちが言える

場　面：	彼女に振られたことを友達に話している
新出語：	うまくいく，つきあう，そうか。
練習の仕方：	①Sに恋人がいたら何をしてあげるか聞き、「プレゼントをあげる」など出てきたものを板書する。②『メインテキスト』のイラストのがっかりしたBの表情を見せ、「この人は、恋人にプレゼントをたくさんあげました。ネックレスを買ってあげました。でも、残念です。振られてしまいました。」と言って「〜のに」の表す気持ちを説明する。③ペアで『メインテキスト』の練習をする。

板　書：	プレゼントをあげる ネックレスを買ってあげる……

留意点：	・「そうか。」は「そうですか。」の普通体として扱う。
発展練習：	「〜のに、恋人ができない」「〜のに、給料が上がらない」などの形で、ペアかグループでいろいろ考える。

3-1.

ポイント：	ある動作からまだ時間がたっていないことが言える，「Ｖたばかりです」
練習の仕方：	①Sに免許を持っているか、いつ取ったか、運転が上手かなどと聞く。②『メインテキスト』の例）のイラストを見せて、最近免許を取ったこと、運転が下手なことを確認し、「免許を取ったばかりです。」と言って板書する。③『メインテキスト』の練習をする。**文型3**

板　書：	<u>免許を取っ</u>たばかりです。 　　　　　Ｖた

留意点：	・「ばかり」はまだ時間がたっていないためのある状態を示している。「〜ところ」との違いを聞かれたら、P.153を参照する。

3-2.

ポイント：	ある動作が終わって時間がたっていないから、今の状況なのだと言い訳できる
新出語：	いっぱい
練習の仕方：	①『メインテキスト』のイラストの吹き出し以外の部分を確認してから、練習をする。 ＋α ペアかグループで「結婚したばかりなので、〜」「引っ越ししたばかりなので、〜」「新しいゲームを買ったばかりなので、〜」などの形で文を考え、クラスで発表し、いちばん面白い文を決める。

3-3.

ポイント：	時間がたっていないのに発生した予想外の事態が言える

練習の仕方：	①「Aさんは免許を取ったばかりなので、運転が下手です。Bさんも免許を取ったばかりです。でも運転が上手です。すごいですね。免許を取ったばかりなのに、運転が上手です。」と「～ばかりなのに」を教える。②『メインテキスト』に合わせて後半を自由に考える。Sが各自作ってから、全員の文を板書したり、グループでお互いの文を確認したりする。 +α ペアかグループで「結婚したばかりなのに、～」「引っ越ししたばかりなのに、～」「新しいゲームを買ったばかりなのに、～」などの形で「ばかりなのに」と「ばかりなので」との違いを意識しながら、文を考える。
留意点：	・食後すぐの時間なら「食べたばかり」、来日直後のSがいたら「来たばかり」などSの状況に合わせて提示例を変えるとよい。

3-4. 🎤

ポイント：	来日当初のことが聞ける／言える
新出語：	びっくりする
練習の仕方：	①Sに来日時期、国と日本の違い、大変だったこと、困ったこと、うれしかったこと、びっくりしたことなどを聞く。②『メインテキスト』の「わたし」の欄にキーワードを記入する時間を取ってからインタビューをする。P.9（6）参照。
留意点：	・インタビューの答えはメモの形で記入するが、発表する際には文で表現するようにする。
	・クラスで各項目ごとにベスト3を選んで板書してもよい。

使いましょう

ポイント：	仕事についての悩みを読んで、意見が聞ける／言える
新出語：	商社，専門知識，帰国する，期待する，悩む，話し合う，ばりばり
練習の仕方：	①Sに国で働いている女性が多いか、家族や友達に働いている女性がいるか、どんな仕事か、大変そうか、楽しそうかなどの話題でイメージ作りをする。②『メインテキスト』の文を各自読む。③A子さんが悩む理由をグループで想像し、『メインテキスト』の表の1）に書き込む。④同じグループで自分だったらどうするか話し合い、グループの意見を1つにまとめて、表の2）に書く。P.10（8）参照。
留意点：	・「がりがり勉強する」「すらすら読む」などのオノマトペを紹介するとよい。

会話

場　面：	キム・ヘジョンが木村洋に、旅行のために買ったカメラの不具合について話している
新出語：	エラー，スイッチ，部分，どうも，それで
留意点：	・買ったばかりの電気製品の不具合などについて話してもよい。

40

> 到達目標：人に動作を強制することが言える
> 　　　　　人の動作を許可・容認することが言える
> 　　　　　丁寧な許可願いができる

1.

ポイント：　　使役形

新出語：　　使役形

用意する物：　🅓イラストカード❶動詞

練習の仕方：　①Tが怖い顔をして、Sに「立ちなさい、窓を開けなさい。」と命令して、Sに動作をさせる。「わたしは立たせました。窓を開けさせました。」と言って、使役形を使うことを教える。②活用の形を示して、イラストカードを使って練習する。③『メインテキスト』の練習をする。**文型1**

板　書：　　使役形活用表 （P.154参照）

留意点：　　・使役形は先輩が後輩に、教師が学生に、親が子供に、上司が部下になど上下関係がある場合に使用する。
　　　　　　　・このテキストでは、強制と許可の使役を扱っている。誘発（妹を泣かせる）、自責（子供を死なせる）などの使役は扱っていない。
　　　　　　　・使役形はⅡグループの動詞として活用する。

2-1.

ポイント：　　人に動作を強制することが言える，「N1（人）はN2（人）にN3（もの）をV（使役形）」

場　面：　　体育会系クラブの先輩が後輩にさまざまな雑用をさせている

練習の仕方：　①Sに高校や大学でサークルやクラブに入っていたかどうかを聞き、そこでの先輩と後輩の関係を聞く。先輩の指示でどんなことをしたかを聞く。②『メインテキスト』の例）のイラストを見て、この後輩が何をしているかを確認し、「先輩は後輩にボールを片付けさせます。」という使役文を教え、板書する。③『メインテキスト』の練習をする。**文型2**

板　書：　　先輩は後輩にボールをかたづけさせます。
　　　　　　　　　　　　　　　　V（使役形）

留意点：　　・ここでは目的語を伴う文のみを扱う。
　　　　　　　・日本で、特に体育会系のクラブでは先輩と後輩には上下関係があり、後

輩が雑用をさせられることがあることを紹介する。

2-2.

ポイント： 人に動作を強制することが言える，「Ｎ１（人）はＮ２（人）をＶ（使役形)」

場　面： 体育の授業で先生が生徒にいろいろなことをさせている

新出語： 生徒

練習の仕方： ①高校生のとき、先生は厳しかったか聞き、「日本の学校では先生は生徒を走らせます。」と言って、目的語を伴わない動詞の場合、動作を行う人を「に」ではなく「を」で示すことを教えて、板書する。②『メインテキスト』のイラストを見て練習する。┿α ＤＡ イラストカード❸ 文型Ｓ21 ～ 26「に」か「を」を選ばせる練習をする。

板　書： 先生は生徒**を**はしらせます。
　　　　　　　　　　　Ｖ（使役形）

留意点： ・ここでは目的語を伴わない自動詞のみを扱う。

発展練習： 子供が産まれたら、何をさせたいか、その理由などを紙に書いて発表する。

2-3. 🎤

ポイント： させたいことが聞ける／言える

場　面： ロボットにさせたいことについて話している

新出語： 地雷，世話

練習の仕方： ①今どんなロボットがあるか知っているか、見たことがあるかなどと聞いてイメージを作り、何でもできるロボットがあったら何をさせたいか聞く。各自、させたいことを考えて、『メインテキスト』の「お年寄りの世話をする」の右に書く。②インタビューをする。P.9（6）参照。結果をまとめて発表してもよい。

留意点： ・余裕があれば、「～てもらう」と使役文の違いなどを説明してもよい。
・明らかな社会的上下関係のない場合は使用しない。店と客の場合も同様で、「髪を切らせる。」「水を持って来させる。」とは言わず「髪を切ってもらう。」「水を持って来てもらう。」などと言う。

3-1.

ポイント： 人の動作を許容することが言える、「Ｎ１（人）はＮ２（人）にＮ３（もの）をＶ（使役形)」

場　面： 妹の望むことに対して、甘い母親と、厳しい父親の対応の違いを言っている

新出語： パーマ，ピアス，口紅，アクセサリー，染める，かける[パーマを～]，伸ばす，派手[な]，もし

練習の仕方： ①親は厳しかったかどうか、したいことをだめだと言われたことがあるか、

どんなことをだめだと言われたか聞く。Sから髪を染めたかったのにお父さんが許してくれなかったというエピソードが出たら、「お父さんは髪を染めさせませんでした。」と言うと教える。Sから出なければ、Tが自分の経験を話して提示する。②『メインテキスト』のイラストを見て、左の女の子が右の女の子のようになりたいと思っていることを示し、変身したい部分に注目して、両親の許可の有無を話し、板書する。③自分だったら許可するかどうか考え、「もしわたしが〜」と発表する。**文型3**

板　書：

髪を染めたい！

いいですよ。

だめです。

母は妹に<u>髪</u>を<u>そめ</u>させました。
父は妹に<u>髪</u>を<u>そめ</u>させませんでした。
　　　　　　V（使役形）

留意点：　・強制ではなく、望むことを許可・容認する表現であることを確認する。
　　　　　　・板書の際に吹き出しの下に簡単な3人の顔のイラストをかくと分かりやすい。

3-2.

ポイント：　両親がさせてくれたこと、くれなかったことが聞ける／言える，「V（使役形）てくれる」

新出語：　一人旅，一人暮らし

練習の仕方：　①犬などの動物が好きか、子供のとき飼いたいと思ったか聞き、飼いたかったSがいたら、両親がいいと言ったか聞く。両親の許可がうれしかったら、その気持ちを込めて「飼わせてくれました。」ということを教え、板書する。②テキストを見て、下の四角の中から必要な語彙を選んで、高校生のときしたかったことで、させてくれたこと、させてくれなかったことについて各自考える。③②で考えたことをもとにして、インタビューをする。
＋α **DA** ワークシート　Sは自分のしたかったこと、両親の許可の有無、その理由などについて文を作ってワークシートに記入し、発表する。P.9（6）参照。

板　書：　<u>犬をかわせて</u>くれました。
　　　　　　<u>犬をかわせて</u>くれませんでした。

4.

ポイント：　丁寧な許可願いができる，「V（使役形）ていただけませんか」

場　面：　会社で社員が部長に許可を願い出ている

新出語：　　　プロジェクト，早退する

練習の仕方：　①Sに授業やアルバイトを休みたい場合は、何と言うかを聞く。「あした休んでもいいですか。」などの文が出てきたら、丁寧な表現として「休ませていただけませんか。」と言うことを教える。②『メインテキスト』のイラストを見て、上司に対して許可を求めるときは丁寧に言う必要があることを確認し、練習する。　$\boxed{+\alpha}$「プロジェクトの相談をしたいので、会議室を使わせていただけませんか。」などと4）の内容に理由を加えて、許可を求める練習をする。**文型4**

板　　書：　　<u>会議室をつかわせていただけませんか。</u>
　　　　　　　　　　V（使役形）て

発展練習：　　SからTに許可をもらいたいこと、例えば本を借りたい、早退したいなどを引き出し、板書する。それをTにどうやって言うかをグループで考える。

使いましょう

ポイント：　　子供の教育について簡単なディベートができる
場　　面：　　ディベートをしている
新出語：　　　ディベート，塾，賛成グループ，ジャッジグループ，レベル，〜以外，学ぶ，それでは
練習の仕方：　①Sに子供のころ、学校以外のところへ勉強に通ったことがあるか、何を勉強したか、何歳から始めたか、何時から何時までだったかなどと聞く。さらに日本では学習塾へ行く子供が少なくないという情報を提供する。
　　　　　　　②10歳の子供を塾に通わせることについてどう思うかと疑問を投げかけ、2、3人に賛成と反対の意見を聞く。その際「わたしは〜ほうがいいと思います。〜からです」と言うことを教える。③クラスを『メインテキスト』のイラストのように、司会（1人）・賛成グループ・反対グループ・ジャッジグループに分ける。④賛成グループと反対グループは、理由を『メインテキスト』に書き込む。⑤会話例を参考にディベートを行い、ジャッジグループがどちらの意見が説得力があったかを決める。⑥同様に1）2）のテーマについて、役割を変えてディベートをする。
留意点：　　　・個人の意見にかかわらず、賛成と反対が同人数になるように分ける。
　　　　　　　・人数が少なかったりSのレベルでは内容が難しい場合は、グループで理由を相談して板書し、それをもとにお互いの意見を述べるだけでもよい。

会話

場　　面：　　レ・ティ・アンが息子のことで木村洋に相談をしている
新出語：　　　うんと言う

41

> **到達目標：** 人の行為を敬意を込めて言える

1.

ポイント： 尊敬動詞

新出語： いらっしゃる，召し上がる，おっしゃる，ご覧になる，なさる，下さる，尊敬動詞

練習の仕方： ①丁寧な言葉を聞いたことがあるか、どこで聞いたかなどSに聞いて、敬語の使用場面を確認する。②既習の「ご家族・家族、お父さん・父」などの言葉を示し、相手を高める言い方と、自分がへりくだる言い方があることを確認する。この課では相手を高める表現を勉強すると言う。③Sの知っているTの上司などを引き合いに出し、「○○先生は事務所にいますか。」ではなく「いらっしゃいますか。」を使うことを教える。行為者が社会的に上位にある人、もしくはよく知らない人に対する特別な動詞があること、それを尊敬動詞ということを教える。④1つ1つ語彙を提示してそれを使った例を出したり練習したりしながら、その語彙を板書して確認していく。⑤『メインテキスト』の練習をする。⑥『メインテキスト』P.116の表を見せ、尊敬動詞の辞書形を教える。「いらっしゃる、おっしゃる、くださる」はます形が「～います」となるので注意する。**文型1**

板　書：

行きます・来ます・います	いらっしゃいます
～てます	～ていらっしゃいます
食べます・飲みます	召し上がります
言います	おっしゃいます
見ます	ご覧になります
します	なさいます
くれます	くださいます
～てくれます	～てくださいます
知っています	ご存じです

留意点： ・この練習では尊敬動詞のみ練習する。
・Sに使用場面を聞いたとき、「～と申します」などの例が出たら、42課で勉強すると伝える。

2.

ポイント： 相手によって適切な言い方が使い分けられる

場　面： 同僚と社長に同じ内容の質問をしている

練習の仕方：	①『メインテキスト』を見て、ペアで、まず同僚（左の人）との会話を、次に社長との会話をする。②途中で役割を変え、同様に練習を行う。**文型2**
発展練習：	**1**で学んだ尊敬動詞を使って、Tにいろいろな質問をする。

3-1.

ポイント：	「おVになります」
練習の仕方：	①尊敬を表す言い方として「お～になります」の形もあることを教え、作り方を板書で説明する。②『メインテキスト』の練習をする。**文型3**
板　書：	お<u>読み</u>になります。 V<del>ます</del>
留意点：	・「着ます」「寝ます」など「ます」の前が1音節の場合は「お～になります」は使わないことを教える。 ・Sから「お～になります」と尊敬動詞のどちらを使うかと質問があったら、尊敬動詞があるものはそれを使うことが多いと答える。

3-2. 🧑💬

ポイント：	電話で敬語が適切に言える／聞ける
場　面：	日本でお世話になった木村さんが国を訪ねて来る。電話をかけて、木村さんの予定を聞いている。
新出語：	お世話になる
練習の仁方：	①Sに日本でお世話になった人がいるか、何をしてもらったか、その人がSの国に来たら何をしてあげるか、来る前にスケジュールを知りたいかなどと聞く。②Aが学生、Bが木村になって、『メインテキスト』のロールプレイをする。P.10（11）参照。

3-3.

ポイント：	目上の人の行動を敬意を持って言える
場　面：	京都で過ごした王女様の一日の行動
新出語：	王女様，スニーカー，美容院，ピアニスト，大臣，見物する
練習の仕方：	①『メインテキスト』のイラストを見ながら王女様の行動について描写する。
留意点：	・京都の写真などがあれば、見せるとよい。 ・尊敬動詞と「お～になります」どちらを使ってもよい。
発展練習：	Sの所属している組織の上の人の（架空の）1日の行動をレポートする。

4-1.

ポイント：	丁寧な指示が言える，「おVください」
場　面：	旅館の人が到着したお客に説明している
新出語：	貴重品，庭，着替える

練習の仕方：	①旅館やホテルでお客に話すときに「どうぞ、入ってください。」とは言わず、敬語を使って「お入りください。」と言うことを確認する。②『メインテキスト』の練習をする。**文型4**

板　書：	お入りください。 Vます

留意点：	・Sに「お〜になってください」でもいいかと聞かれたら、どちらも使うと答える。 ・「お〜てください」と言い間違えるSがいるので注意する。

4-2.

ポイント：	丁寧な指示が言える／聞ける
場　面：	バスガイドが指示、説明をしている
新出語：	方，シートベルト，締める，一部，一列，少々，〜ずつ
練習の仕方：	①観光バスに乗ったことがあるか聞く。バスガイドは説明に敬語を使っていることを伝える。②『メインテキスト』のイラストがバスの中とお寺であることを確認し、動詞を右の四角から選んで、練習する。
留意点：	・はとバスなどのパンフレットを見せるとよい。『文法説明と翻訳』P.148参照。
発展練習：	レストランやホテルの客と従業員になって、従業員が「お好きなパンをお選びください。」「お好きなところにお座りください。」「このボタンでお呼びください。」などと指示をするロールプレイする。

5.

ポイント：	尊敬形
新出語：	尊敬形
練習の仕方：	①尊敬を表す言い方には、尊敬形もあることを教え、板書で形を確認する。②『メインテキスト』の練習をする。P.8（2）参照。**文型5**

板　書：	尊敬形活用表 (P.157参照)

留意点：	・尊敬形は受身形と同じ形なので、どちらなのかは文脈によって判断する。 ・一般的な丁寧さの度合いは、高い順に尊敬動詞、「お〜になる」、尊敬形になる。 ・尊敬形はⅡグループの動詞として活用する。

6.

ポイント：	尊敬形を使って丁寧に話せる
場　面：	社長秘書が社長のスケジュールを聞かれ、説明している
新出語：	支店長，ホンコン

練習の仕方：	①『メインテキスト』P.120の右の吹き出しにある社長のスケジュールを確認してから練習する。 ┃**＋α**┃ 各自社長の1週間のスケジュールを作り、それをもとにしてペアで質問し合う。**文型6**
留意点：	・┃**＋α**┃ では尊敬形だけでなく、ほかの尊敬表現も自由に使ってよい。

使いましょう 🖋

ポイント：	敬語を使って、さまざまな質問ができる
場　面：	有名人にインタビューをしている
新出語：	インタビュアー，敬語，豆腐サラダ，作家，政治家，俳優，学者，ブラジル
新出項目：	①どんなものがお好きですか。
練習の仕方：	①有名人にインタビューしたいか、だれにしたいかなどと聞き、ペアで有名なサッカー選手とインタビュアーになって、例2）までを一度練習する。②『メインテキスト』のいちばん下にある職業を参考にして、クラスで有名人役をやりたい人を募る。③有名人は簡単な自己紹介を考える。残ったSはだれにインタビューするかを決めて、質問を1）～3）に書く。④有名人のSは前に並んで自己紹介をし、ほかのSはインタビューをする。⑤インタビュー結果をふきだしの例のようにまとめて報告する。P.9（6）参照

会話

場　面：	学校の文化祭でポン・チャチャイが研究者ミリアム・セロンに質問している
新出語：	医学，マラリア，ワクチン，現在，願う，ミリアム・セロン

42

> **到達目標：**へりくだった言い方ができる

1.

ポイント：	謙譲動詞
新出語：	参る，おる，申す，拝見する，いたす，伺う，存じておる，謙譲動詞
練習の仕方：	①敬語には相手を高める言い方と自分がへりくだる言い方があることを再確認する。この課では自分の行動を言う表現を練習することを教える。②1つ1つ言葉を提示してそれを使った例を出したり練習したりしながら、その言葉を板書して確認していく。③『メインテキスト』の練習をする。④『メインテキスト』P.122で謙譲動詞の確認をする。**文型1**

板　書：	行きます・来ます	参ります
	います	おります
	～ています	～ております
	食べます・飲みます・もらいます	頂きます
	～てもらいます	～ていただきます
	言います	申します
	見ます	拝見します
	します	いたします
	聞きます・（うちへ）行きます	伺います
	知っています	存じております

留意点：	・②の練習の際、謙譲語の使用場面はSの実際の生活環境に合わせる。

2-1.

ポイント：	初対面の人と丁寧な会話ができる
場　面：	パーティーで留学生と日本人が話している
練習の仕方：	①交流パーティーに行ったことがあるか、どうだったか、どんなことを聞かれたかなどと聞く。②『メインテキスト』の場面の確認をして練習する。**文型2**

2-2.

ポイント：	謙譲語を使った自己紹介ができる
場　面：	パーティーなど、大勢の人の前で謙譲語を使用して自己紹介をしている
新出語：	私，建築学，都市計画，国々，高速道路，専攻する，結ぶ，マレーシア，アジア，タン・ズイチン

練習の仕方：	①『メインテキスト』の文章を読んで、内容を確認する。P.10（8）参照。
	②自分の自己紹介を書いて、クラスでフォーマルな自己紹介をする。
留意点：	自己紹介に必要な語彙があれば適宜示す。

3-1.

ポイント：	丁寧な申し出ができる，「おVします」
場　面：	ホテルで従業員が客に対して手伝いを申し出ている
練習の仕方：	①ホテルに泊まったときに、ホテルの人はどんなことをしてくれたか、ホテルの人が何と言ったか聞く。例えば「持ちましょうか。」ではなく「お持ちしましょうか。」などと言うことを教え、作り方を確認する。②『メインテキスト』の例）のイラストを見て、Sから出た答えを板書する。③『メインテキスト』の練習をする。**文型3**

| 板　書： | お手伝いしましょうか。 |
| | 　　V<del>ます</del> |

| 発展練習： | Tが社長役になって、「暑いなあ。」「のどが渇いたなあ。」「暗いなあ。」「このコーヒー甘くないね。」など独り言を言い、Sが気を使う部下の役になって、「お〜しましょうか。」と練習する。 |

3-2.

ポイント：	Ⅲグループの動詞を使い、動作の受け手に敬意を込めて、相手に向けた自分の動作が言える，「ごVします」
場　面：	上司がプレゼンテーションの段取りを部下に確認している
新出語：	プレゼンテーション
練習の仕方：	①『メインテキスト』のイラストを見て、Aが上司でBが部下であることを確認する。Ⅲグループ動詞の語幹が漢語の場合は前に「ご」をつけることを教え、板書する。②『メインテキスト』の練習をする。

| 板　書： | ご連絡します。 |
| | 　　　　V |

| 留意点： | ・「ご〜します」は『メインテキスト』にあるものを練習するにとどめる。 |

使いましょう １ 🎤

ポイント：	面接の質問に、丁寧な言葉を使って答えが言える
場　面：	入学試験の面接をしている
新出語：	なぜ
練習の仕方：	①今までに学校やアルバイトで面接を受けたことがあるか、どんな質問をされたか、丁寧に答えたかなどと聞く。②『メインテキスト』を見て自分の答えを書く。TはSの答えが妥当かどうかチェックする。③ペアで面接

の練習をする。P.9（6）参照。

留意点：　　　・面接を受ける人は、すべての動詞を謙譲語にする必要はない。

・相手に恩恵を与えない場合は「お〜します」は使わない。例えば、4）の答えで「お選びしました」とは言わない。

・まずクラスで答え方を確認してから、ペアで練習してもよい。

使いましょう ②

ポイント：　　　敬語を使って、電話がかけられる
場　面：　　　　会社に電話をかけて呼び出してもらっている
新出語：　　　　伝言，打ち合わせ，外す［席を〜］，山田，スバル建設
用意する物：　　電話
練習の仕方：　　①日本語で電話をかけたことがあるか、どこのだれにかけたか、日本の会社に電話したことがあるか、そのとき何と言ったか聞く。②『メインテキスト』を見て、Aがスバル建設の会社の人で、B（アラン）がスバル建設の山田課長に電話をかけている場面であることを確認する。③『メインテキスト』の会話を見て練習する。相手がいる場合といない場合、伝言を頼む場合とあとで電話するがあるので、それぞれの場合の練習をする。不在で伝言を頼む練習をする場合は、伝言の内容を事前に考えておいたほうがよい。 ＋α 電話で伝えるべき用件をいくつかメモしてそれぞれ別の相手に電話する。受けた人との間で1）相手がいる場合、2）相手がいない場合であとで電話する場合、3）相手がいなくて伝言を頼む場合の3つのパターンから適宜選んで会話を進める。

留意点：　　　・Sのレベルによっては、発話を助けるためにポイントを板書で示してもよい。

使いましょう ③ 🖊

ポイント：　　　敬語を使ったメールが読める／書ける
新出語：　　　　あて先，件名，お宅，ごぶさたする，過ごす，懐かしい，松山
練習の仕方：　　①お世話になった人がいるかどうか、どんなことをしてもらったか、お礼の手紙やメールを書いたか、どんなことを書いたかなどと聞く。②各自『メインテキスト』の文を読んで、内容を確認する。 P.10（8）参照。③自分でお礼のメールを書く。P.10（9） 参照。

留意点：　　　・実際にお世話になった人にメールを書いて送るとよい。お世話になった人がいない場合は、数年後の設定でTに架空の近況報告のメールを書いてもよい。

・日本地図で松山の位置を示し、松山の写真などを見せるとよい。

会話

<table>
<tr><td>場　面：</td><td>10年後のリン・タイが、日本で自分の旅行会社を設立し、その記念パーティーであいさつをしている</td></tr>
<tr><td>新出語：</td><td>おかげ，時代，本日，進学する，勤める，リードする，応援する，一年間，そして，おめでとうございます。，サミット旅行社，祝</td></tr>
</table>

まとめ 8

> **到達目標**：命令形・禁止形・使役形・尊敬表現の確認

1.

ポイント：	命令形、禁止形、使役形、尊敬形の確認
留意点：	・必ず書いて確認する。

2.

ポイント：	既習文型の使い分け
場　面：	公園でいろいろな人が話している
新出語：	駐車禁止
練習の仕方：	①38〜42課までの既習文型を復習する。各自『メインテキスト』のイラストの状況に合う文を考えて記入したあと、クラス全体で確認する。

3.

ポイント：	敬語
場　面：	上司と部下が話している
新出語：	いや
練習の仕方：	①各自記入後、クラスで確認する。

4.

ポイント：	送別会であいさつが言える
場　面：	送別会であいさつしている
新出語：	ホームシック，元気づける，感謝する，向かう
練習の仕方：	①各自『メインテキスト』を読んで、内容を確認する。P.10（8）参照。

> **＋α** 卒業に際して教師への謝辞、将来の抱負を述べてもよい。

3章

文型説明

3章は『日本語初級2大地 文型説明と翻訳』の文型説明を基にしたものです。

凡例

		〔例〕
N 名詞		
V 動詞		
V dic.	動詞の辞書形	〔よむ〕
Vます	ます形	〔よみます〕
V~~ます~~	ます形の語幹	〔よみ〕
Vましょう	V~~ます~~＋ましょう	〔よみましょう〕
Vたい	V~~ます~~＋たい	〔よみたい〕
Vながら	V~~ます~~＋ながら	〔よみながら〕
Vにくい	V~~ます~~＋にくい	〔よみにくい〕
Vなさい	V~~ます~~＋なさい	〔よみなさい〕
おVください	お＋V~~ます~~＋ください	〔およみください〕
Vて	動詞のて形	〔よんで〕
Vた	動詞のた形	〔よんだ〕
Vたら	Vた＋ら	〔よんだら〕
Vない	動詞のない形	〔よまない〕
V~~ない~~	ない形の語幹	〔よま〕
Vなくなります	V~~ない~~＋なくなります	〔よまなくなります〕
Vなければなりません	V~~ない~~＋なければなりません	〔よまなければなりません〕
Vないで	ない形のて形	〔よまないで〕
A 形容詞		
いA	い形容詞	〔おおきい〕
いA~~い~~	い形容詞の語幹	〔おおき〕
いAく	いA~~い~~＋く	〔おおきく〕
なA	な形容詞	〔べんり〕
なAに	なA＋に	〔べんりに〕
S 文、節		〔わたしは がくせいです。〕
（主語と述語のある）		〔いい てんきです〕が、〔さむいです。〕
S （普通形）	Sの普通形	〔わたしはがくせいだ。〕〔いいてんきだ〕が、〔さむい。〕
*活用を表す表の中の例外		〔*いいです〕
＊その課で学習する語と関連のある語や表現		〔あさごはん＊〕
○正しい文		〔○カメラをかいたいです。〕
×正しくない文		〔×ゆきがふってください。〕

説明文中に「意味は"訳"です。」とあるところは、『日本語初級2大地 文型説明と翻訳』の各国語版において、その言語の訳が入っています。

23

1. 暗く　なります。
静かになります。
夜に　なります。

● いAく
　なAに　なります
　Nに

「なります」は状況、状態の変化を表す動詞で、意味は"訳"です。い形容詞は語の最後の「い」を「く」に変え、な形容詞と名詞は後ろに「に」をつけて、「なります」に接続します。

いA：くらい→　くらく
　　＊いい→　　よく
なA：しずか→しずかに　　なります
N：　　よる　→　　よるに

2. このボタンを押すと、お茶が出ます。

●V dic. と、S

1)「と」は2つの文をつなぎ、ある動作が起きる（V dic.）と、その結果として必然的に別の動作や状態が現れる（S）ということを表す表現です。意味は"訳"です。
春になると、桜が咲きます。
まっすぐ行くと、右に郵便局があります。

2) Sには過去形や話し手の意志を表す「Vてください」「Vたいです」などの表現は使いません。

3. ジュースを買って来ます。

●Vて来ます

あるところへ行って、何かをして、元のところへ戻って来るという意味です。

①新しい部屋は気持ちがいいでしょう。

  1）話し手が聞き手に同意を求める表現です。意味は"訳"です。「でしょう」は上昇イントネーションで発音されることが多いです。

  2）「でしょう」の前は普通形を使いますが、な形容詞と名詞の普通形の「だ」は省略します。

    （「名詞＋です」の活用については、本書では名詞として説明します。）

②左に公園があります。僕のアパートはその隣です。

  「その、それ、そこ」は話し手が目に見えるものを実際に指すのではなく、話した内容の全体あるいはその一部分を指すときにも使われます。上の例文では「その」は「こうえん」を指しています。⇒2課-1

    A：あしたのパーティーに20人来ます。

    B：それは大変ですね。

    先週沖縄へ行きました。そこで珍しい魚を見ました。

③シンガポールには季節が2つあります。

  主題を表す助詞「は」は、「は」の前の語を主題にして、取り立てます。助詞を含む語も同様です。

  バスで京都へ行きました。　　→京都へはバスで行きました。

  事務室でたばこが吸えません。→事務室ではたばこが吸えません。

  ただし、助詞「を」「が」を伴う語の場合は、「を」「が」は「は」と入れ替わります。

  コンビニでコンサートのチケットを売っています。

  →コンサートのチケットはコンビニで売っています。

④いちばんいい季節は11月ごろです。いろいろな果物がおいしくなるからです。

  「からです」は前の内容について、あとから理由を述べるときに使う表現です。「からです」の前には普通形を使います。

24

可能形、状態の変化2

1. 可能形

1）何かができるかできないかを表すとき、可能形を使います。

2）「V dic.ことができます」と同じ意味ですが、日常会話では可能形のほうがよく使われます。⇒14課

3）可能形の作り方は次のとおりです。

Ⅰグループ：辞書形の最後の音節「-u」を「-eる」に変えます。

Ⅱグループ：辞書形の「る」を「られる」に変えます。

Ⅲグループ：「くる→こられる」「する→できる」になります。

	V dic.	V（可能形）			V dic.	V（可能形）	
Ⅰ	かう かく およぐ はなす まつ しぬ あそぶ よむ とる	かえる かける およげる はなせる まてる しねる あそべる よめる とれる	う→え く→け ぐ→げ す→せ つ→て ぬ→ね ぶ→べ む→め る→れ	る	Ⅱ	たべる ねる おきる かりる	たべられる ねられる おきられる かりられる	る→られる
					Ⅲ	くる する	こられる できる	

「わかる」「できる」は　それ自体可能の意味を含んでいるため、可能形になりません。また、「ふえる」「へる」「なくなる」などの無意志動詞も可能形は作れません。

4）可能形はⅡグループの動詞として活用をします。

2. マリーさんは漢字が書けます。

● N1はN2がV（可能形）

1）可能形の文では対象を表す助詞「を」は「が」に変わります。

マリーさんは漢字を書きます。

マリーさんは漢字が書けます。

2）可能形には「V dic.ことができます」と同様、2つの意味があります。以下の例文のように人の能力を表す場合と、ある状況のもとで動作が実現できる可能性を表す場合です。⇒14課

リンさんは1キロメートル泳げます。

図書館で本が借りられます。

3）「みます」の可能形は「みられます」、「ききます」の可能形は「きけます」です。見たり、聞いたりする意志を実現することを表します。

動物園で象が見られます。

このレストランでジャズが聞けます。

　似た言葉に「みえます」「きこえます」がありますが、これは可能形ではありません。意志に関係なく、「対象が視界に入ること」「音が耳に入ること」を表します。見えたり"訳"聞こえたり"訳"するものが文の主語になり、助詞「が」を伴います。

この部屋から山が見えます。

鳥の声が聞こえます。

3. ┃うちの息子は歩けるようになりました。┃

●V（可能形）dic. ようになります

　状態、状況の変化を表す「なります」は形容詞、名詞だけでなく、動詞にも接続します。⇒23課-**1**

　「V（可能形）dic.ようになります」は不可能な状態・状況から可能な状態・状況に変化することを表します。可能形のほかに、可能の意味を持つ動詞「わかる」「みえる」なども使うことができます。

眼鏡を掛けたら、よく見えるようになりますよ。

4. ┃祖父は長い時間歩けなくなりました。┃

●V（可能形）なくなります

1）「Vなくなります」は可能な状態・状況から不可能な状態・状況に変化することを表します。可能形のない形からこの形を作ります。

　　よめる　　よめ**ない**→　よめ**なくなります**

　　あるける　あるけ**ない**→あるけ**なくなります**

2）可能の意味を持つ動詞「わかる」「みえる」なども使うことができます。

星が見えなくなりました。

・・

①現金しか使えません。

　「しか」は動詞、形容詞の否定形を伴って、述べられたもの以外すべてを否定する助詞です。意味は"訳"です。

　「しか」は否定的な見方をするときに使いますが、「だけ」には否定的な意味合いはありません。⇒20課

　○10分しかありませんから、急ぎます。

　×10分だけありますから、急ぎます。

②昼間は寝ていますが、夜はよく動きます。

　主題を表す助詞「は」は対比にも使われます。上の例文では「ひるま」と「よる」を対比させています。

③中国にもこんな動物園がありますか。

　"訴"の意味の助詞「も」は、助詞「は」と同様、ほかの助詞の後ろにもつきます。
「も」の場合も助詞「を」と「が」は「も」と入れ替わります。⇒23課-③

　うちから富士山が見えます。わたしの学校からも富士山が見えます。

　ポンさんは歌が上手です。ギターも上手です。

意志動詞と無意志動詞

1）動作の主体（主語）の意志を表すことができる動詞を意志動詞、動作の主体の意志を表すことができない動詞を無意志動詞といいます。

あしたまでにレポートを書きます。	書く：意志動詞
北海道へ行きたいです。	行く：意志動詞
机の上に本があります。	ある：無意志動詞
雪が降っています。	降る：無意志動詞

2）意志動詞は願望、依頼、禁止、勧誘などいろいろな文型表現に使われています。これらの表現には無意志動詞は使うことができません。また、可能形も意志動詞から作ります。

○カメラを買いたいです。

○100メートル泳げます。

×もっと時間がありたいです。

×雪が降ってください。

動詞の中には「わすれる」「なる」「いる」など、意志動詞としても無意志動詞としても使われるものもあります。

卒業したら、ミュージシャンになりたいです。（意志動詞）

寒くなりましたが、お元気ですか。（無意志動詞）

25

理由

1. 彼はユーモアがあるので、人気があります。

●S1（普通形）ので、S2

1）「S1ので」はS2で述べられていることの理由を表します。意味は"訳"です。「から」と同じ意味で、両者とも理由を表しますが、「から」は理由を述べて話し手が何かを主張する場合に用いられるのに対し、「ので」は因果関係や事実関係を客観的に述べる表現です。S2には命令などの強い意志表現は使いません。「ので」も「から」と同様、理由を表す節の後ろに来ます。⇒9課

2）「ので」は許可を求めたりする場合の理由づけや、弁解するときにも使われます。また、「S1ので」の形で、S2が省略されることがあります。

3）「ので」の前には普通形を使いますが、な形容詞と名詞の普通形の「だ」は「な」になります。

足が痛いので、タクシーで行きます。

雨なので、タクシーで行きます。

V	みる みない みた みなかった	ので	なA	ひま**な** ひまじゃない ひまだった ひまじゃなかった	ので
いA	たかい たかくない たかかった たかくなかった	ので	N	あめ**な** あめじゃない あめだった あめじゃなかった	ので

2. 試験は何時に始まるか、教えてください。

●疑問詞を伴うS（普通形）か、〜

1）疑問詞を伴う疑問文が文の中に組み込まれた表現です。上の例文では「しけんはなんじにはじまりますか」という疑問文が組み込まれています。

2）「か」の前には「なに」「だれ」「どこ」「いつ」「どう」などの疑問詞を伴う疑問文の普通形を使いますが、な形容詞と名詞の普通形の「だ」は省略されます。

V： 何時に始まる
いA：どの先生が厳しい ⎫
なA： 何が必要 ⎬ か、教えてください。
N： いつが締め切り ⎭

3. ツアーに行くかどうか、確認します。

　●S（普通形）かどうか、～

　1）この文型は疑問詞を含まない疑問文が文の中に組み込まれた表現です。意味は"訳"です。上の例文では「ツアーにいきますか」という疑問文が組み込まれています。

　2）「かどうか」の前には普通形を使いますが、な形容詞と名詞の普通形の「だ」は省略されます。

　　　ツアーに行く
　　　ツアーに申し込んだ　｝かどうか、確認します。
　　　海が見える部屋

4. まだレポートを出していません。

　●Vていません

　1）動作が起こっていないことや、完了していないことを表す表現です。意味は"訳"です。この文型は副詞「まだ」とともに使うことが多いです。

　　　A：　もうレポートを出しましたか。
　　　B1：はい、もう出しました。
　　　B2：いいえ、まだ出していません。

　2）「Vていません」はVが完了していないこと、Vの行われない状態が続いていることを表すのに対し、「Vませんでした」はある期間内にVの動作が行われなかったという事実を表します。

　　　わたしはまだ発表の準備をしていません。
　　　わたしは発表の準備をしませんでした。

-----

①みんなでミュージカルをやります。

　助詞「で」は主体をまとまりとして限定する機能があります。

　わたしたちでパーティーの準備をしましょう。

まだ決めてない。

　会話では言葉が縮められて発音されることがあります。「きめてない」は「きめていない」の縮められた形（縮約形）です。「Vて」のあとの「い」が省かれます。「Vている」も同様に「Vてる」になります。

　あ、雨が降ってる。

26

時を表す表現、義務

1. 手紙を書くとき、辞書を使います。

●S1とき、S2

1）「とき」は"訳"の意味を表す名詞で、2つの文をつなぎます。「とき」の前は名詞修飾と同様、普通形を使いますが、な形容詞の普通形の「だ」は「な」、名詞の普通形の「だ」は「の」になります。

言葉の意味が分からないとき、辞書を使います。

寒いとき、セーターを着ます。

暇なとき、遊びに行きましょう。

子供のとき、野菜が嫌いでした。

2）S1が形容詞文、名詞文の場合、S2が過去形でもS1は非過去を使います。

×子供だったとき、野菜が嫌いでした。

2. 国へ帰る　とき、両親にお土産を買います。
国へ帰ったとき、両親にお土産をあげます。

●$\begin{bmatrix} \text{V dic.} \\ \text{V た} \end{bmatrix}$ とき、S

1）Vの動作よりSの動作が先に起きたとき、「とき」の前に辞書形を使います。

2）Sの動作よりVの動作が先に起きたとき、「とき」の前にた形を使います。

「かえるとき」は話し手がまだ自分の国に着いておらず、自分の国に着く前にお土産を買うということを表しています。

「かえったとき」は話し手が自分の国に到着後、お土産を両親に渡すということを表しています。

帰るとき　　　　　　　　　　　　帰ったとき

3. 日本語でレポートを書かなければなりません。

●Vなければなりません

1）行為者の意志にかかわらず、やらなければならない義務や必要性を表す表現です。意味は"訳"です。

2）「Vなければならないので……」の形で、誘いを断るときの理由の表現としても使われます。

3）ない形の「ない」を「なければなりません」に変えます。

かく　　かかない→かかなければなりません
あう　　あわない→あわなければなりません
くる　　　こない→　こなければなりません

ご飯、作らなきゃ。

　「Vなきゃ」は「Vなければなりません」の縮約形です。

　早く帰らなきゃ。

27

んです

1.
> A：どうしたんですか。
> B：風邪を引いたんです。

●S（普通形）んです

1）「んです」は、ある状況について説明を求めたり、説明を行ったりする場合によく使われます。「んです」は目の前の相手の状態、聞いたことなど、話し手と聞き手が情報を共有していることが前提で、それについて相手に詳しい状況説明を求める場合と、その答えとして状況を説明する場合に使われます。

（Bが学校を休んだことを知っていて）

A：学校を休んだんですか。

B：はい。風邪を引いたんです。

　この会話では、AはBが学校を休んだということは知っており、Aはそれについての疑問を持ち相手に質問しています。これに対してBは「かぜをひいた」という自分の状況を説明しています。

2）「んです」の前には普通形を使いますが、名詞とな形容詞の普通形の「だ」は「な」になります。

今日行かないんです。

高かったんです。

暇なんです。

アレルギーなんです。

3）「んです」を使用した疑問文に対して、答えが単に事実を伝える場合は「んです」を使いません。下の会話でBは帰るのはいつかという単なる事実に答えるだけで、「なつやすみです」となります。また、このほかにも以下のように多様な答え方が可能です。

（Bが国へ帰ることを知っていて）

A：　いつ国へ帰るんですか。

B1：夏休みです。

B2：夏休みに帰ります。

B3：夏休みに帰りたいと思っています。

B4：夏休みに帰らなければなりません。

　　「んです」と「から」は一緒に使いません。

　　×時間がないんですから。

2. 来週出張するんですが、いいホテルを教えてください。
来週出張な　んですが、いいホテルを教えてください。

●S1（普通形）んですが、S2

1）「んですが」は相手に何かを依頼したり許可やアドバイスを求めるときの前置き
としても使われます

2）S1で述べられる状況からS2の内容が予想される場合は、S2は省略されること
があります。⇒13課-①
この漢字の読み方が分からないんですが……。
すき焼きを作りたいんですが……。

3. テレビを見ながらご飯を食べます。

●V1 ながら V2

1）同一人物が、V2の動作を行うときに同時にV1の動作も行うことを表します。
時制は最後の動詞（V2）で表します。

2）その場の動作だけではなく一定期間における行動も表すことができます。
アルバイトをしながら学校に通っています。

3）ます形の「ます」を「ながら」に変えて作ります。
みます→みながら
します→しながら

・・・

①何を着たらいいですか。
「疑問詞＋Vたらいいですか」は、相手にアドバイスを求める表現です。
どうしたらいいですか。

②黒いスーツを着たらどうですか。
「Vたらどうですか」は聞き手にその動作を行うよう勧める表現です。
目上の人に勧めるときには使いません。代わりに「Vたらいかがですか」を使います。

③同窓会に出席していただけませんか。
「Vていただけませんか」は相手に何かしてほしいことを丁寧に依頼する表現です。

④カウンセラーはどうして両親が反対していると思っていますか。
「とおもっています」は第三者の思考の内容を述べるとき使います。また、話し手が過
去から現在まで持ち続けている意見や推量を述べるときにも使います。
クラスのみんなはわたしがいちばん早く結婚すると思っています。
わたしはアルバイトをしながら音楽の活動をしたいと思っています。
「とおもいます」は話し手が自分の意見や推量を述べるとき使う表現です。⇒19課-**2**

①どこへ行く<mark>の</mark>？

　くだけた会話では、「んですか」は「の？」になり、疑問を表す文末助詞の「か」は
つけません。「の？」は高く発音します。

②うらやましい<mark>なあ</mark>。

　「なあ」は話し手が感じたことや感動した気持ちを表す助詞です。「なあ」の前は普
通形を使います。くだけた会話表現なので、目上の人に話すときには使いません。

28

状態1、伝聞

1. 自転車が倒れています。

●NがVています

1）「Vています」はある動作、作用の結果としての状態を表します。目の前にあるその状態を説明したり、その状態に初めて気がついたというときによく用いられます。「じてんしゃがたおれています」は自転車が倒れて、そのままの状態が残っていることを表します。

2）この表現で使われる動詞は「たおれる」「とまる」などの自動詞（動作の対象を持たない動詞）で、瞬間的な変化を表す動詞です。

3）主語は「が」で表します。

「Vています」は今までに次のような用法を学びました。

キムさんは今漢字を書いています。⇒15課

ナルコさんは結婚しています。⇒16課

ナルコさんは大学で働いています。⇒16課

2. 新聞で読んだんですが、新しい空港ができるそうです。

●S（普通形）そうです

1）読んだり、聞いたりした情報をそのまま伝える表現です。会話文では情報の出所を表すのに、前置きの形で「〜んですが」が使われることが多いです。

2）「そうです」の前に普通形を使います。

50年前ここは海だったそうです。

ゆり大学の入学試験はとても難しいそうです。

今週の会議はないそうです。

3. 字を大きく　書いてください。
字をきれいに書いてください。

● ［いA く］ V
　［なA に］

形容詞が動詞を修飾するとき、次のように副詞に変えて使います。

いA： おおきい→おおきく

ちいさい→ちいさく

*いい→　よく

なA： きれい→きれいに

しずか→しずかに

あとで詳しく説明します。
病院では静かに歩いてください。

4. この牛乳は変な味がします。

●N（味／におい／音／声）がします

味、におい、音、声が感じられる、知覚されるという表現です。

①もう少し歩きましょうか。

1）「ましょうか」は話し手が聞き手に対して、一緒に行うことを誘いかけたり、促したりする表現です。意味は"訳"です。

2）ます形の「ます」を「ましょうか」に変えて作ります。

あるきます→あるきましょうか

やすみます→やすみましょうか

②台風で橋が壊れました。

「で」は原因を表す助詞です。自然災害や事故などを表す名詞とともに使います。

③調査によると、毎日小さい地震が起きているそうです。

「Nによると」は情報の出所を表しています。意味は"訳"です。「よんだんですが」「きいたんですが」より改まった表現です。

他動詞と自動詞

1）対象語を伴う動詞を他動詞（Vt.）、対象語を伴わない動詞を自動詞（Vi.）
と言います。

テレビを見ます。　　　　　他動詞

ドアを開けます。　　　　　他動詞

銀行があります。　　　　　自動詞

ドアが開きます。　　　　　自動詞

2）他動詞は動作主の行為に焦点を合わせて述べるときに使われます。自動詞
は行為の結果や変化に注目して述べるときに使われます。

ドアを開けます。（他動詞）　　　ドアが開きます。（自動詞）

3）自動詞の中にはそれに対応する他動詞を持つものがあります。（⇒『メイン
テキスト』P.136）「Vています」は他動詞と自動詞では、次のような意味
になります。

他動詞：ドアを閉めています。

自動詞：ドアが閉まっています。

4）「いく」「くる」「かえる」「およぐ」「あるく」「はしる」などは動作主の意
志的な行為を表す自動詞です。

29

並列、決定

1. ここは静かだし、人が親切だし、いい町です。

●S（普通形）し、

1）同種の評価の内容を並べて述べ、そのほかにもあるという気持ちを表す表現です。
　　この会社は給料が安いし、残業が多いし、休みが少ないです。
　　Aさんは、まじめだし、明るいし、それに話が上手です。
　　「Sし」の数は限定されません。
　　みどり大学の学食は安いし、おいしいです。

2）文の最後に判断や、結論を表す文が来た場合、「Sし」は判断に至った根拠や理由
　　などを表し、ほかにも理由や根拠があることを暗に示しています。また、結論を
　　はっきり言わずに「Sし」だけで終わることもあります。
　　バスが来ないし、タクシーで行きました。
　　みどり大学を受けたいです。有名な先生がいるし……。

3）同種の評価を並列する表現なので、主格を示す助詞に「も」が使われることもあ
　　ります。
　　この仕事は給料も安いし、残業も多いし、早く辞めたいです。

2. わたしは今日からジョギングをすることにしました。
　　わたしは今日からお酒を飲まない　ことにしました。

● ⎡V dic.⎤ ことにしました
　　⎣Vない⎦

1）「ことにしました」は決定した内容を表すときに使う表現です。

2）まだ実際には行動していなくても、すでに決めたことにはこの表現を使います。
　　わたしは来月帰国することにしました。

3. 来週の会議は2階の会議室ですることになりました。
　　来週の会議はしない　　　　　　ことになりました。

● ⎡V dic.⎤ ことになりました
　　⎣Vない⎦

　「ことになりました」は自分の意志で決めたことではなく、みんなで相談して決め
たり、ほかの人に命令されたりして、決まったことを表すときに使う表現です。

4. 山田さんは来週ドイツへ出張することになっています。
うちの会社では水曜日残業しないことになっています。

● $\begin{bmatrix} \text{V dic.} \\ \text{Vない} \end{bmatrix}$ ことになっています

「ことになっています」は、すでに決まった予定や、組織のルール、習慣の内容を表します。

・・

①この仕事は責任のある仕事です。
名詞修飾節の主語を表す「が」の代わりに「の」が使われることもあります。

②古いけど、広いうちを借りた。
「けど」は接続助詞で、会話で使われます。意味は"訳"です。

🐵🐵福岡へ転勤することになったんだ。
「んだ」は「んです」の普通形です。

30

意向形、目的 1

1. 意向形

1) この課では、話し手の意志を表す意向形を学びます。作り方は次のとおりです。
   Ⅰグループ：辞書形の最後の音節「-u」を「-oう」に変えます。
   Ⅱグループ：辞書形の「る」を「よう」に変えます。
   Ⅲグループ：「くる→こよう」、「する→しよう」

	V dic.	V（意向形）				V dic.	V（意向形）	
Ⅰ	かう	かおう	う→お		Ⅱ	たべる	たべよう	
	かく	かこう	く→こ			ねる	ねよう	
	いそぐ	いそごう	ぐ→ご			おきる	おきよう	る→よう
	はなす	はなそう	す→そ	う		かりる	かりよう	
	まつ	まとう	つ→と		Ⅲ	くる	こよう	
	しぬ	しのう	ぬ→の			する	しよう	
	あそぶ	あそぼう	ぶ→ぼ					
	よむ	よもう	む→も					
	かえる	かえろう	る→ろ					

2) 意向形は「Ｖましょう」の普通体です。普通体の会話で使われます。また標語に
   も使われます。
   ごみはごみ箱に捨てよう！

2. わたしは冬休み北海道へ行こうと思っています。

   ●Ｖ（意向形）と思っています

   1) 話し手が自分が将来しようと思っていることを述べる意志表現です。思っている
      内容は引用を表す助詞「と」で示します。

   2) 「Ｖ（意向形）とおもっています」と「Ｖ（意向形）とおもいます」は同じように
      使います。ただし、「Ｖ（意向形）とおもっています」は第三者の意志を表すこと
      ができますが、「Ｖ（意向形）とおもいます」は話し手の意志しか表すことができ
      ません。⇒27課−④
      ○山田さんは会社を辞めようと思っています。
      ×山田さんは会社を辞めようと思います。

3. レポートを書くために、資料を集めています。
　　　発表の　　　　ために、資料を集めています。

● $\begin{bmatrix} \text{V dic.} \\ \text{Nの} \end{bmatrix}$ **ために、S**

1) 目的を表す表現で、VやNという目的の実現を目指して、Sを行うという意味です。「ために」の前のVやNは話し手の意志で行われる目的を表します。Vは意志動詞を多く使います。可能形などを使うことはできません。

2) 名詞が人や組織の場合は「Nの利益、恩恵を目指して」の意味にもなります。意味は"訳"です。
　家族のために、働いています。

ラーメン、食べようか。
　「Vましょうか」の普通体は「V（意向形）か」です。
　ラーメン、食べましょうか。→ラーメン、食べようか。（誘い）
　手伝いましょうか。　　　　→手伝おうか。（申し出）

31

準備、状態2

1. 旅行に行くまえに、ガイドブックを読んでおきます。

● Vておきます

1) 後で起こることのために、前もって何かをする（V）ことを表す表現です。

2) 次回の使用に備えて、必要な行為を行うという意味を表すこともあります。

会議が終わったら、机を片付けておきます。

2. 窓を開けておきます。

● Vておきます

現在のVの状態を変えないで、そのまま維持するというときも「Vておきます」を使います。文脈や状況で準備の意味になったり、放置の意味になったりします。

A：窓を閉めましょうか。

B：いいえ、開けておいてください。／そのままにしておいてください。

3. 壁に地図が張ってあります。

● NがVてあります

1) 他動詞を使って、Nの現在の状態がどうなっているかを表す表現です。「Vています」とよく似ていますが、「Vてあります」は、何かの目的や理由があって、人が意志を持って今の状態を作ったことを表します。⇒28課

A：あ、窓が開いていますよ。閉めましょうか。

B：今から掃除するので、開けてあるんですよ。

2) 準備の状況を表す意味もあります。

A：通訳は頼んでありますか。

B：はい、もう頼んであります。

4. ゆうべお酒を飲みすぎました。

● ［V／いAₜ／なA］すぎます

1) 「すぎます」が動詞につく場合は、その動作を過度にしたため、不都合だと感じていることを表します。「ます」を「すぎます」に変えて作ります。

のみます→のみすぎます

たべます→たべすぎます

2) 「すぎます」が形容詞につく場合は、現在の状態が通常の範囲を超えていて、適当ではないことを表します。意味は"訳"です。

この問題は難しすぎます。

この問題は複雑すぎます。

い形容詞は「い」を「すぎます」に変えます。な形容詞は後ろに「すぎます」をつけて作ります。

いA：ちいさい→　ちいさすぎます

　　　　ながい→　　ながすぎます

なA：ふくざつ→ふくざつすぎます

3）「すぎます」はⅡグループの動詞として活用をします。

　　勉強しすぎて、頭が痛いです。

5. 髪を短くします。

● ⎡いAく⎤ します
　 ⎢なAに⎥
　 ⎣Nに　⎦

1）変化を表す表現で、対象となるものを意図的に変化させることを表します。

2）い形容詞は「い」を「く」に変えます。な形容詞と名詞は語の後ろに「に」をつけて「します」に接続します。

髪をきれいにします。

髪を茶色にします。

いA：みじかい→　みじかく

　　　*いい→　　　　　よく　　　⎫

なA：　きれい→　きれいに　　　⎬ します

N：　ちゃいろ→ちゃいろに　　　⎭

32

助言、推量1、付帯状況

1. ゆっくり休んだ　　ほうがいいです。
あまり無理をしないほうがいいです。

● $\begin{bmatrix} \text{V た} \\ \text{V ない} \end{bmatrix}$ ほうがいいです

1）相手に対して助言や忠告をするときの表現です。この表現には助言や忠告に従わ
ないと、困ったことになるというニュアンスがあります。
文末には終助詞「よ」をつけることが多いです。
インフルエンザがはやっていますから、予防注射をしたほうがいいですよ。

2）この表現は場合によっては押しつけがましい印象を与えることがあるので、目上
の人には使いません。使うときにはよく気をつける必要があります。

2. 今晩雪が降るかもしれません。

● S（普通形）かもしれません

1）未来のことや不確実なことに対して、もしかしたらそうなる、あるいはそうなっ
た可能性があるという表現です。意味は"訳"です。

2）「かもしれません」の前には普通形を使いますが、な形容詞と名詞の「だ」はつき
ません。
なA：この仕事は大変かもしれません。
N：　あの2人は恋人かもしれません。

3. 手袋をして　　スケートをします。
辞書を見ないで読んでください。

● $\begin{bmatrix} \text{V1 て} \\ \text{V1 ないで} \end{bmatrix}$ V2

V2がどのような状態で行われるかをV1で説明します。V1は主たる動作である
V2に付随する動作と考えられます。V1とV2の動作の主体は同じです。

・・・

①お茶でもいかがですか。
　「Nでも」はNを例として、ほかにも選択肢があることを表す表現です。

「お」「ご」

　名詞の前に「お」または「ご」をつけることによって、丁寧さや敬意を表します。「お」をつけるか、「ご」をつけるかはその語によって決まっています。主に、もともと日本語の語には「お」、中国から来た語には「ご」がつくことが多いです。

お国、お名前
ご家族、ご住所、ご注文、ご意見

33

条件形

1. 条件形

仮定条件を表す形です。条件形の作り方は次のとおりです。

V：Ⅰグループ：辞書形の最後の音節「-u」を「-eば」に変えます。
　　Ⅱグループ：辞書形の「る」を「れば」に変えます。
　　Ⅲグループ：くる→くれば、する→すれば
いA：「い」を「ければ」に変えます。
　　　ただし、「いい」は「よければ」になります。
なA：後ろに「なら」をつけます。
N：　後ろに「なら」をつけます。

	V dic.	V（条件形）			V dic.	V（条件形）	
Ⅰ	かう	かえば	う→え	Ⅱ	たべる	たべれば	る→れば
	かく	かけば	く→け		みる	みれば	
	いそぐ	いそげば	ぐ→げ	Ⅲ	くる	くれば	
	はなす	はなせば	す→せ		する	すれば	
	まつ	まてば	つ→て	い形	たかい	たかければ	い→ければ
	しぬ	しねば	ぬ→ね		*いい	よければ	
	あそぶ	あそべば	ぶ→べ	な形	かんたん	かんたんなら	+なら
	よむ	よめば	む→め		きれい	きれいなら	
	かえる	かえれば	る→れ	名	あめ	あめなら	

（Ⅰグループ全体に「ば」が付く）

否定の条件形は、ない形の「ない」を「なければ」に変えます。

V：　　　かう　　　　　かわない→　　　　かわなければ
いA：　たかい　　　　たかくない→　　　たかくなければ
なA：かんたん　かんたんじゃない→かんたんじゃなければ
N：　　あめ　　　あめじゃない→　　あめじゃなければ

> 推薦状があれば、この奨学金がもらえます。
> 成績が優秀なら、この奨学金がもらえます。

● S1（条件形）、S2

S2が成立するためには、必ずS1の条件が必要であることを表します。

S2には話し手の意志を表す意向形や「Vてください」などの表現や過去形は使えません。

×京都へ行けば、金閣寺へ行ってください。

×京都へ行けば、きれいな人形を買いました。

○京都へ行けば、古いお寺がたくさん見られます。

　　ただし、S1が形容詞やない形、可能形など話し手の意志を表さない表現の場合、S2に意志表現を使うことができます。

寒ければ、窓を閉めてください。

分からなければ、聞いてください。

2. ┃あしたは晴れるでしょう。┃

　● **S（普通形）でしょう**

　1）話し手の推量を表す表現です。「かもしれません」より起こる可能性が高い表現です。「でしょう」は天気予報やニュースの解説、評論などに使われることが多いです。⇒32課-**2**

　2）「でしょう」の前は普通形を使いますが、な形容詞、名詞の普通形の「だ」は省略されます。

　　なA：今日はお祭りなので、町はとてもにぎやかでしょう。

　　N　：あしたはいい天気でしょう。

・・

①いい車が選べる**んじゃないですか**。

　1）「んじゃないですか」は「わたしは～だとおもいますが、あなたもそうおもいませんか。」と婉曲に話し手の意見を述べる表現です。文末の助詞「か」を高く発音します。否定の意味はありません。

　2）「んじゃないですか」の前は普通形を使います。名詞と形容詞の普通形「だ」は「な」に変えて使います。

②コンサートがある**んだけど**、一緒に行かない？

　接続助詞「けど」は、本題に入る前の前置きとしても使われます。⇒29課-②

③行ける**かな**。

　「かな」は文末につけて自分自身に問いかける気持ちを表します。「かな」は独り言などによく使われます。「かな」の前は普通形を使いますが、な形容詞と名詞の「だ」は省略されます。「かなあ」と伸ばして発音されることもあります。

④行こう**よ**。

　文末に使われる助詞「よ」は依頼、勧誘、命令などを強める機能もあります。⇒8課-①

チケット、**買っといて**。

　「かっといて」は「かっておいて（ください）」の縮約形です。「～ておいて」は「～といて」、「～でおいて」は「～どいて」になります。

　その書類、あしたまでに読んどいて。

同様に、「～ておきます」は「～とく」、「～でおきます」は「～どく」になります。

「たら」「ば」「と」
1)「たら」と「ば」はどちらも条件を表し、どちらでも使えることが多いですが、次の場合は「たら」を使います。⇒21課
　①予定や順番を表し、仮定の意味を含まないとき。
　春になったら、旅行しましょう。
　卒業したら、国へ帰ります。
　②ハプニングが発生したときどうするかを表すとき。
　地震が起きたら、机の下に入ってください。
　パスポートをなくしたら、大使館に連絡しなければなりません。
2)一方、希望を実現するために必要な条件を表すときは「ば」のほうが適当です。⇒33課-**1**
　急げば、間に合います。
　大きい失敗をしなければ、成功できるでしょう。
3)「と」は必然的結果を表し、人の意志と関係なく起こる事柄について述べる表現です。⇒23課-**2**
　春になると、桜の花が咲きます。
　水がないと、困ります。
　また、道案内や操作方法の説明にもよく使われます。
　この道をまっすぐ行くと、右に公園があります。
　このボタンを押すと、お茶が出ます。

34

完了、動詞の名詞化

1. 本を全部読んでしまいました。

●Vてしまいます

1）動作の完了を強調する表現です。

「ぜんぶ」、「もう」などの副詞を伴って「Vてしまいました」の形で使うことが多いです。

2）「Vてしまいたいです」は未来の決められたときまでにその動作を完了したいという話し手の気持ちを表します。

2. 財布をなくしてしまいました。

●Vてしまいました

1）動作が終わったことに対し、取り返しのつかないことをしたという話し手の残念な気持ちや後悔を表す表現です。

2）「てしまいました」は文脈や状況で完了の意味になったり、残念な気持ちの意味になったりします。

A：サラダが残っていましたね。早く食べなければなりません。

B：大丈夫ですよ。わたしがさっき食べてしまいました。おいしかったです。

A：あれ、ここにあったラーメンは？

B：すみません。僕のだと思って食べてしまいました。

A：えっ！

3. 眼鏡を掛けたまま寝ています。

●V1 たまま V2

1）V1の結果を放置した不自然な状態でV2が行われることを表します。

2）V1とV2の主語は同じです。

4. 友達と旅行するのは楽しいです。
音楽を聞く　　のが好きです。
窓を閉める　　のを忘れました。

●V dic. のはA

●V dic. のがA

●S（普通形）のをV

1）「の」は動詞の普通形について、その動詞を使った文を名詞化します。名詞化された部分は主語や対象語として文の中で使われます。

2）「V dic. のは」は「おもしろい」「むずかしい」「たいへん」など話し手の評価を表す形容詞とともに使います。

3）「V dic. のが」は「すき」「きらい」「じょうず」「へた」「はやい」「おそい」などの形容詞とともに使います。

4）「S（普通形）のを」は「わすれる」「しっている」「きく」「みる」などの動詞とともに使います。

　　「のを」の前には普通形を使いますが、な形容詞と名詞の「だ」は「な」になります。

　　山田さんの奥さんが病気なのを知っていますか。

5）「こと」も動詞を名詞化します。⇒14課

　　「の」と「こと」は入れ替えが可能ですが、次の文型では「こと」を「の」と入れ替えることができません。

　　わたしの趣味は本を読むことです。⇒14課-**2**

　　アランさんはギターを弾くことができます。⇒14課-**3**

　　わたしは北海道へ行ったことがあります。⇒18課-**2**

---

① 1時間で読んでしまいました。

　助詞「で」は数量を表す語とともに使われ、動作を行うのに必要な期間、金額、人数などを表します。

　　3か月で日本語が話せるようになりました。

　　古いテレビなら、5,000円で買えます。

　　5人で新しい会社を作りました。

②だれでも試合に負けるのは悔しいですよね。

　「よね」は終助詞「よ」と「ね」の組み合わされた形で、自分の考えについて相手に同意を求めたり、確認したりするとき使います。

試合に負けちゃった。

　「まけちゃった」は「まけてしまった」の縮約形です。

　「～てしまった」は「～ちゃった」に、「～でしまった」は「～じゃった」になります。

　ビール、全部飲んじゃった。

35

目的2

1. | 約束の時間に間に合うように、急いで行きます。
   | 会議に遅れない　　　　ように、急いで行きます。

● ⎡V dic.⎤ ように、S
　 ⎣Vない⎦

1）Vで示された状態を目指してSの動作を行うということを表します。

2）Vは可能形や「わかる」「みえる」などの可能の意味を持つ動詞、ない形などの無意志表現を使います。「ために」も目的を表しますが、「ために」では、Vは意志動詞を使います。⇒24課
　　10時の電車に乗れるように、急ぎます。
　　10時の電車に乗るために、急ぎます。

2. | 毎日野菜を食べるようにしています。
   | 無理をしない　　　ようにしています。

● ⎡V dic.⎤ ようにしています
　 ⎣Vない⎦

　　この表現は、努力して習慣的に動作を行う、もしくは努力して行わないようにしていることを表します。

3. | このかばんは重い荷物を運ぶのにいいです。
   | このかばんは旅行　　　　　　　にいいです。

● ⎡V dic. の⎤ にS
　 ⎣N　　　⎦

　　「N＋にS」の形で、用途や目的を表す表現です。Sに「いい」「つかう」「やくにたつ」「べんり」「ひつよう」「（おかね／じかんが）かかる」などの語とともに使います。動詞は名詞の形（V dic.の）に変えて使います。

4. | このカメラは使いにくいです。
   | この辞書は使いやすいです。

●Vにくいです
●Vやすいです

1）「Vにくいです」は、Vで表される動作を行うのが簡単ではない、あるいは「なかなか～しない」という意味です。
　　車の窓ガラスは割れにくいです。

2）「Vやすいです」はVで表される動作を行うのが簡単だ、あるいは「容易に～す

る」という表現です。

　ガラスのコップは割れやすいです。

3）ます形の「ます」を「にくいです」「やすいです」に変えて作ります。

　　つかいます→つかいにくいです／つかいやすいです

　　　われます→　われにくいです／　われやすいです

　　あるきます→あるきにくいです／あるきやすいです

4）「にくいです」「やすいです」は、い形容詞と同様の活用をします。

　　このカメラは使いやすくて便利です。

①大学に合格しますように。

　神仏に願いをかけたり、将来、あることが実現することを願うときに使う表現です。

　「ように」の前は動詞のます形を使います。

36

受身形

1. 受身形

1) 受身文はある動作を動作主の側からではなく、動作を受けた側から伝えるとき用いる表現です。動詞を受身形に変えて使います。日本語では他動詞（Vt.）を使って受身文を作りますが、**3**の場合は自動詞（Vi.）も使います。

2) 受身形の作り方は次のとおりです。

Ⅰグループ：辞書形の最後の音節「-u」を「-aれる」に変えます。

Ⅱグループ：辞書形の「る」を「られる」に変えます。

Ⅲグループ：「くる→こられる」、「する→される」

	V dic.	V（受身形）				V dic.	V（受身形）	
Ⅰ	いう	いわれる	う→わ		Ⅱ	たべる	たべられる	
	きく	きかれる	く→か			おしえる	おしえられる	る→
	さわぐ	さわがれる	ぐ→が			みる	みられる	られる
	はなす	はなされる	す→さ			いる	いられる	
	まつ	またれる	つ→た	れる	Ⅲ	くる	こられる	
	しぬ	しなれる	ぬ→な			する	される	
	よぶ	よばれる	ぶ→ば					
	よむ	よまれる	む→ま					
	つくる	つくられる	る→ら					

3) 受身形はⅡグループの動詞として活用をします。

2. わたしは先生に呼ばれました。

●**N1（人）はN2にV（受身形）**

直接受けた動作を動作の受け手（N1）の立場で述べる表現です。

動詞は他動詞が用いられます。動作主（N2）を助詞「に」で表します。

先生はわたしを褒めました。

わたしは先生に褒められました。

3. わたしは子供にカメラを壊されました。
わたしは雨に降られました。

●**N1（人）はN2にN3（もの）をVt.（受身形）**

●**N1（人）はN2にVi.（受身形）**

1) あることが起きて、そのことについて迷惑、被害を感じたときに使う表現です。
迷惑、被害を受けた人が主語になります。

○わたしは子供にカメラを壊されました。

×わたしのカメラは子供に壊されました。

2）この迷惑や被害の表現には他動詞と自動詞が使われます。

昨日の晩、子供に泣かれて、寝られませんでした。

動作主（N2）は助詞「に」で表します。

3）受身が文型**2**の意味か文型**3**（迷惑、被害）の意味かは文脈によります。

先生によく勉強していると言われました。

まじめに仕事したのに、仕事をサボったと言われたんです。

4）動作の受け手がその動作を迷惑ではなく、感謝と感じる場合は受身形ではなく「V
てもらいました」を使います。⇒22課-**3**

隣の人にピアノを弾かれました。（うるさかったです。）

マリーさんにピアノを弾いてもらいました。（とてもよかったです。）

4. 大阪で会議が開かれます。

●N（もの／こと）がV（受身形）

動作を行う人を特定しない場合、「もの」や「こと」を主語として受身形を使って
表します。

1998年に長野オリンピックが開かれました。

金沢で作られた工芸品は日本の家庭でよく使われています。

・・

①源氏物語は紫式部によって書かれました。

「によって」はその行為を感情を交えず客観的に述べる場合、受身文の動作主を表しま
す。「かく」「はつめいする」「つくる」「はっけんする」など、何かを生み出すことを表
す動詞では、動作主は「に」ではなく、「によって」を使います。

②兼六園という公園

『N1というN2』という形で使われ、N1は固有名詞、N2は一般名詞です。N1につ
いて話し手か、聞き手あるいは双方がよく知らない人やもの、場所について述べるときの
表現です。話し手も聞き手も知っている対象について述べる場合には使いません。

川田さんは東京に住んでいます。

山田さんは金沢という町に住んでいます。

歌舞伎を見に行こうって言われた。

「っていわれた」は「といわれた」の縮約の表現です。

37

様態、予想

1.
> リンさんは楽しそうです。
> リンさんは暇　そうです。
> 雨が降り　　　そうです。

● [いA<del>い</del>] そうです
　[なA]
　[V]

1) 「そうです」が形容詞につく場合は、話し手がある対象の外観や印象を述べる表現になります。意味は"訳"です。

（食べる前に）そのケーキ、おいしそうですね。

（食べながら）このケーキ、おいしいですね。

　話し手が自分以外の人の感情や感覚を表す場合も、「そうです」を用いて表現します。自分の感情や感覚を表す場合には「そうです」は使いません。

○わたしは楽しいです。

×わたしは楽しそうです。

×リンさんは楽しいです。

○リンさんは楽しそうです。

　一見して判断できる色や見た目などの場合は「そうです」は使いません。

×きれいそうです。→きれいです。

×赤そうです。　　→赤いです。

2) 「そうです」が動詞につく場合は、目の前の状況からその動作や出来事が起こる可能性があると予想して述べる意味になります。

　また、今見えていないことでも、将来を予想して述べる表現としても使います。

留学生が増えそうです。

3) い形容詞は「い」を「そうです」に変えて作ります。な形容詞は後ろに「そうです」をつけます。

　いA：　　たのしい→　たのしそうです

　　　　むずかしい→むずかしそうです

　　　　　*いい→　よさそうです

　なA：　　ひま→　ひまそうです

　　　　べんり→　べんりそうです

　動詞はます形の「ます」を「そうです」に変えます。

　　　　ふります→　ふりそうです

　　　　へります→　へりそうです

　「そうです」は名詞には接続しません。

「そうです」には聞いたり見たりした情報を相手にそのまま伝えるという意味もあります。この場合は普通形に接続します。⇒28課

2. コンサートが始まる　　ところです。
コンサートをやっているところです。
コンサートが終わった　　ところです。

● $\begin{bmatrix} \text{V dic.} \\ \text{V ている} \\ \text{V た} \end{bmatrix}$ **ところです**

1）動作がどの段階にあるかを示す表現です。「ところ」には場所の意味はありません。「ところです」は名詞文として使います。
2）写真や映像に映し出された場面を説明するときなどによく使われます。
3）自分の状況を説明して、誘いかけたり断ったりするときにも使います。
　　A：こんにちは。
　　B：いらっしゃい。ちょうど今ケーキが焼けたところ。一緒に食べない？

　　A：ちょっと手伝ってくれませんか。
　　B：すみません。今書類をコピーしているところなんです。あとでいいですか。

3. ちょっと食べてみます。

●**Vてみます**
　試みに、動作を行って、その結果を見るという表現です。

- -

①ちょっと手伝ってくれませんか。
　「Vてくれませんか」は話し手または話し手側の人のために、聞き手に何かの行為をすることを依頼する表現です。目上の人には使いません。
　丁寧度は次のようになります。

丁寧度高｜　ちょっと手伝っていただけませんか。
　　　　｜　ちょっと手伝ってくださいませんか。
　　　　｜　ちょっと手伝ってくれませんか。
　　　　｜　ちょっと手伝ってください。
　　低　↓　ちょっと手伝って。

38

命令形、禁止形

1. 命令形と禁止形

1) 命令形は聞き手に何らかの行為をすることを、禁止形はしないことを命ずる形です。上の者から下の者への絶対的な命令を表し、どちらも主に男性が使います。

2) 命令形の作り方は次のとおりです。
　Ⅰグループ：辞書形の最後の音節「-u」を「-e」に変えます。
　Ⅱグループ：辞書形の「る」を「ろ」に変えます。
　Ⅲグループ：「くる→こい」、「する→しろ」

	V dic.	V（命令形）			V dic.	V（命令形）	
Ⅰ	かう かく はなす まつ しぬ あそぶ よむ かえる	かえ かけ はなせ まて しね あそべ よめ かえれ	う→え く→け す→せ つ→て ぬ→ね ぶ→べ む→め る→れ	Ⅱ	ねる みる かりる *くれる	ねろ みろ かりろ くれ	る→ろ
				Ⅲ	くる する	こい しろ	

3) 禁止形の作り方は次のとおりです。辞書形に「な」をつけて作ります。
　かう　　→　かうな
　かく　　→　かくな
　たべる→たべるな
　する　　→　するな
　くる　　→　くるな

みんな、頑張れ。
中に入るな。

　命令形や禁止形は規則などの標識や応援のときにも使われます。応援の場合は女性も使います。
　また、緊急のときや男性同士のけんかのときにも使われます。
　　危ない！　止まれ！
　　うるさい！　外へ出ろ！

2. 答えを書きなさい。

●Vなさい

1）「Vなさい」は親が子に対して、あるいは教師が学生に対して指示したり命令したりする場合に用いられる形です。監督する立場の人が使う場合が多いです。女性も使います。また、テストの指示文でもよく使用されます。

2）ます形の「ます」を「なさい」に変えて作ります。

かきます→かきなさい
たべます→たべなさい
きます→　きなさい

3. これは入るなという意味です。

●Nは〜という意味です

この表現は標識や言葉の意味を定義するときに使われます。

定義される内容は普通形や命令形、禁止形で表されます。

疑問文は「どういう」を使って次のように言います。

A：これはどういう意味ですか。

B：ドライクリーニングができないという意味です。

4. アランさんは友達に会うと言っていました。

●〜と言っていました

1）「〜といっていました」は第三者のメッセージを伝えるとき使う表現です。メッセージの内容は引用を表す助詞「と」の前に普通形や命令形、禁止形で表されます。

2）「〜といっていました」は第三者が述べた内容をメッセージとして伝える表現ですが、「〜といいました」は人の発言内容をそのまま聞き手に伝える表現です。
⇒19課-**3**

39

推量2、逆接の「のに」

1. マリーさんは疲れているようです。

●S（普通形）ようです

1）見る、聞く、触る、かぐなど五感を使って得た情報から、話し手が状況を推量して判断したことを言う場合に使います。意味は"訳"です。

2）「ようです」の前は普通形を使いますが、な形容詞の「だ」は「な」、名詞の「だ」は「の」になります。
   マリーさんは野菜が嫌いなようです。
   マリーさんは留守のようです。

3）「そうです」は主に外観から直感的に判断したことを言いますが、「ようです」は、聞いたり、読んだりして集めた情報をもとに推量して判断します。⇒37課-**1**
   （先生の外見を見て）　新しい先生は厳しそうです。
   （人の話を聞いて）　　新しい先生は厳しいようです。

2. 山川さんはよく勉強しているのに、成績がよくないです。

●S1（普通形）のに、S2

1）S1はある事実を述べ、その事実から通常予想されることとは反することをS2で表します。意味は"訳"です。ほとんどの場合、予想外の結果や食い違いに対する話し手の意外な気持ち、非難、不満、後悔など、話し手の主観的な感情を表すことが多いです。

2）S2には命令、依頼、話し手の意志を表す表現は使えません。
   ×テストがあるのに、遊びに行こうと思う。
   また、S2を言わないこともあります。
   旅行のとき、使おうと思ってカメラを買ったのに……。

3）「のに」の前は普通形を使います。ただし、な形容詞と名詞の「だ」は「な」になります。

3. ナルコさんは結婚したばかりです。

●Vたばかりです

1）この表現はVが起こってからまだ時間がたっていないと話し手が感じていることを表します。
   例文は、ナルコさんは結婚してからあまり時間がたっていないと話し手が感じていることを表します。

2）「Vたばかりです」は名詞文として使います。従って「～のに」「～ので」「～とき」などと接続するときは以下のようになります。

さっき名前を聞いたばかりなのに、忘れてしまいました。

免許を取ったばかりなので、まだ運転が下手です。

日本へ来たばかりのとき、日本語が話せなくて困りました。

3）「Ｖたばかりです」はその動作が終了してからの時間が短いと感じている話し手の気持ちに焦点が置かれ、「Ｖたところです」はその動作が今終了した段階であることに焦点が置かれています。⇒37課–**2**

40

使役形

1. 使役形

1）目上の人が目下の人に何かをさせることを使役といいます。

使役には強制的に動作をさせる意味と、強制的な意味を持たない許可・容認の意味があります。動詞を使役形に変えて使います。

2）使役形の作り方は次のとおりです。

Ⅰグループ：辞書形の最後の音節「-u」を「-aせる」に変えます。

Ⅱグループ：辞書形の「る」を「させる」に変えます。

Ⅲグループ：「くる→こさせる」、「する→させる」

	V dic.	V（使役形）				V dic.	V（使役形）	
Ⅰ	いう	いわせる	う→わ		Ⅱ	たべる	たべさせる	る→させる
	きく	きかせる	く→か			あける	あけさせる	
	いそぐ	いそがせる	ぐ→が			みる	みさせる	
	はなす	はなさせる	す→さ	せる	Ⅲ	くる	こさせる	
	まつ	またせる	つ→た			する	させる	
	しぬ	しなせる	ぬ→な					
	あそぶ	あそばせる	ぶ→ば					
	よむ	よませる	む→ま					
	つくる	つくらせる	る→ら					

3）使役形はⅡグループの動詞として活用をします。

2. 先輩は後輩にトイレの掃除をさせます。
先輩は後輩を買い物に行かせます。

●N1（人）はN2（人）にN3（もの）をV（使役形）

●N1（人）はN2（人）をV（使役形）

親や教師など目上の人（N1）が目下の人（N2）に強制的に何かをさせる表現です。

助詞「を」を伴う動詞の場合、動作を行う人（N2）を「に」で示します。

助詞「を」を伴わない動詞の場合、動作を行う人（N2）を「を」で示します。

3. 母は妹に好きなお菓子を買わせます。
母は妹を遊ばせます。

- ●N1（人）はN2（人）にN3（もの）をV（使役形）
- ●N1（人）はN2（人）をV（使役形）

1）相手が希望している動作を目上の人が許可・容認するという表現です。強制か許可かは文脈によります。

わたしは野菜が嫌いなのに、母は毎日たくさん野菜を食べさせます。（強制）

父はレストランでわたしたちに好きなものを食べさせました。（許可・容認）

2）許可、容認を恩恵として受け止めて表現する場合は「V（使役形）てくれる」を使います。

高校生のとき、両親は一人旅をさせてくれました。

4. あした休ませていただけませんか。

- ●V（使役形）ていただけませんか

自分が何かをしたい場合、目上の人に丁寧に許可を求める表現です。⇒16課−**1**

41

尊敬表現

1. 尊敬語

1）聞き手、あるいは「話題の人物」に話し手が敬意を表すとき、敬語を使います。敬語は聞き手や「話題の人物」が目上の人（先生、上司、年上の人）や親しくない人、知らない人の場合に使われます。また、改まった場面でも使われます。

2）敬語には大きく分けて、尊敬語と謙譲語があります。話し手が行為者の行為、状態を高めて述べるとき、尊敬語を使います。行為者が自分の行為をへりくだって述べるとき、謙譲語を使います。この課では尊敬語を学びます。

3）尊敬語には次の3つの形があります。
・尊敬動詞（元の動詞とは全く違う形になる特殊な尊敬語）⇒**1-5**）
・「おVになります」⇒**3**
・尊敬形⇒**5**

4）動詞が2つ以上使われている場合は、主に後ろの動詞を変えて尊敬語を作ります。

5）次の表は元の動詞とは全く違う形になる尊敬動詞の表です。

V dic.	V（尊敬動詞）普通形	V（尊敬動詞）丁寧形
いく	いらっしゃる	いらっしゃいます
くる		
いる		
～ている	～ていらっしゃる	～ていらっしゃいます
たべる	めしあがる	めしあがります
のむ		
いう	おっしゃる	おっしゃいます
みる	ごらんになる	ごらんになります
する	なさる	なさいます
くれる	くださる	くださいます
～てくれる	～てくださる	～てくださいます
しっている	ごぞんじだ	ごぞんじです

「いらっしゃる」のます形は「いらっしゃいます」です。「おっしゃる」「なさる」「くださる」も同様に「おっしゃいます」「なさいます」「くださいます」になります。

2. | 先生はあしたロンドンへいらっしゃいます。 |

●尊敬動詞

　コンドンへ行く先生に敬意を表して、「いきます」のかわりに「いらっしゃいます」を使います。

　自分の家族のことをほかの人に話すときは、たとえ祖父母、両親のことであっても尊敬語を使いません。

　　　×父は毎日電車で会社へいらっしゃいます。

3. | 社長は5時にお帰りになります。 |

●おＶになります

　ほとんどの動詞は「おＶになります」の形で、尊敬の意味を持たせることができます。但し、Ⅲグループの動詞と、「ます」の前が1音節の動詞（「います」「みます」「ねます」）などはこの形が使えません。ⅠグループとⅡグループの動詞はます形の前に「お」をつけ、「ます」を取って「になります」をつけます。

　　　かえります→おかえりになります
　　　でかけます→おでかけになります
　　　やすみます→おやすみになります

4. | どうぞお入りください。 |

●おＶください

　依頼や指示の尊敬表現です。「おＶください」の形で使います。「おはいりください」は「はいってください」より丁寧で、話し手が聞き手に敬意を払っていることを表しています。但し、Ⅲグループの動詞と、「ます」の前が1音節の動詞（「います」「みます」「ねます」）などはこの形が使えません。ⅠグループとⅡグループの動詞はます形の前に「お」をつけ、「ます」を取って「ください」をつけます。

　　　はいります→おはいりください
　　　つかいます→おつかいください
　　　　ききます→おききください

5. | 尊敬形 |

1）動詞を尊敬形に変えて、敬語として使います。
2）作り方は次のとおりです。受身形と作り方は同じです。⇒36課

	V dic.	V（尊敬形）				V dic.	V（尊敬形）	
Ⅰ	きく	きかれる	く→か		Ⅱ	かける	かけられる	る→
	つかう	つかわれる	う→わ	れる		おりる	おりられる	られる
	よむ	よまれる	む→ま		Ⅲ	くる	こられる	
						する	される	

　Ⅰグループの動詞とⅢグループの「する」の尊敬形は受身形と形が同じです。

Ⅱグループの動詞とⅢグループの「くる」の尊敬形は可能形、受身形と形が同じです。

　　どの意味になるかは文脈から判断します。

　　　今はインターネットで何でも調べられます。（可能）

　　　空港でかばんの中を調べられました。（受身）

　　　社長はご自分で書類を調べられました。（尊敬）

　3）尊敬形はすべてⅡグループの動詞として活用をします。

6. 社長は毎日8時に来られます。

●尊敬形

　　この文では社長に敬意を表して、「きます」の代わりに「こられます」が使われています。

①どんなものがお好きですか。

　　一部の形容詞では語頭に「お」をつけて、相手に対する敬意を表すことができます。

　　なＡ：　すきです　　　→おすきです

　　　　　　げんきです　　→おげんきです

　　いＡ：　いそがしいです→おいそがしいです

　　　　　　わかいです　　→おわかいです

42

謙譲表現

1. 謙譲語

1) 謙譲語は話し手が自分自身の動作をへりくだって述べ、動作の受け手に敬意を表す表現です。

2) 謙譲語には次の2つの形があります。

・謙譲動詞（元の動詞とは全く違う形になる特殊な動詞）⇒**1**-3)

・「おVする」⇒**3**

3) 以下は元の動詞と全く違う形になる謙譲動詞の表です。

V dic.	V（謙譲動詞）普通形	V（謙譲動詞）丁寧形
いく	まいる	まいります
くる		
いる	おる	おります
～ている	～ておる	～ております
たべる	いただく	いただきます
のむ		
もらう		
～てもらう	～ていただく	～ていただきます
いう	もうす	もうします
みる	はいけんする	はいけんします
する	いたす	いたします
きく	うかがう	うかがいます
（うちへ）いく		
しっている	ぞんじておる	ぞんじております

2. 3時に伺います。

●謙譲動詞

目上の人や、あまり親しくない人と話すとき、自分や自分に属する人の動作を謙遜して特別な動詞を使います。

A：あした何時にうちへ来ますか。

B：3時に伺います。

3. 私がお手伝いします。
私がご説明します。

●お／ごVします

1）自分が行う動作を謙遜して述べる表現です。

ただし、話し手が敬意を表さなければならない相手でも、話し手の行為が直接相手とかかわりがないときには使いません。

A：Bさんは毎晩何を飲みますか。

×B：ビールをお飲みします。

2）ⅠグループとⅡグループの動詞はます形の前に「お」をつけて、「ます」を「します」に変えます。

てつだいます→おてつだいします

みせます→おみせします

「ます」の前が1音節の動詞（「います」「みます」「ねます」など）はこの形が使えません。

Ⅲグループの「せつめいする」「れんらくする」などの動詞は前に「ご」をつけます。

せつめいします→ごせつめいします

れんらくします→ごれんらくします

執筆者
山﨑佳子　元東京大学大学院工学系研究科
佐々木薫
高橋美和子
町田恵子　元公益財団法人アジア学生文化協会日本語コース

イラスト
内山洋見

装丁・本文デザイン
山田武

新装版（しんそうばん）
日本語初級2大地（にほんごしょきゅう2だいち）
教師用ガイド（きょうしよう）「教え方（おしかた）」と「文型説明（ぶんけいせつめい）」

2011年12月1日　初　版第1刷発行
2024年10月11日　新装版第1刷発行

著　者　山﨑佳子（やまざきよしこ）　佐々木薫（ささきかおる）　高橋美和子（たかはしみわこ）　町田恵子（まちだけいこ）
発行者　藤嵜政子
発　行　株式会社　スリーエーネットワーク
〒102-0083　東京都千代田区麹町3丁目4番トラスティ麹町ビル2F
電話　営業　03（5275）2722
　　　編集　03（5275）2725
https://www.3anet.co.jp/
印　刷　株式会社シナノ

ISBN978-4-88319-959-4　C0081
落丁・乱丁本はお取替えいたします。

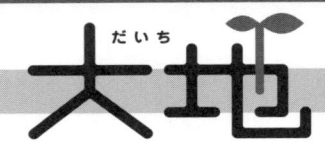

❶ 動詞

V181 刺す

V182 発見する

V183 輸出する

V184 輸入する

V185 化粧する

V186 似合う

V187 落書きする

V188 いじめる

V189 かける [アイロンを〜]

V190 集まる

V191 さす [傘を〜]

V192 譲る

V193 びっくりする

V194 早退する

V195 見物する

V196 着替える

V197 締める

V198 外す [席を〜]

V199 応援する

❷ 形容詞

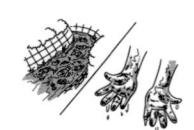
A43 汚い

A44 丈夫 [な]

A45 うらやましい

A46 厚い・薄い

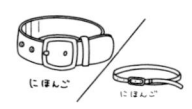
A47 太い・細い

A48 我慢強い

A49 安全 [な]

A50 自由 [な]

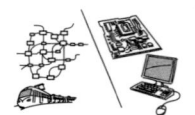
A51 複雑 [な]

A52 若い

A53 優秀 [な]

A54 熱心 [な]

A55 恥ずかしい

A56 嫌 [な]

A57 気が弱い

A58 気が強い

A59 頑固 [な]

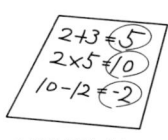
A60 正しい

A61 だめ [な]

A62 派手 [な]

A63 懐かしい